商业直播
网红塑造

主 编 倪 滟

东华大学出版社·上海

图书在版编目（CIP）数据

商业直播网红塑造 / 倪渥主编 .-- 上海：东华大学出版社，2020.1
 ISBN 978-7-5669-1632-7

Ⅰ.①商… Ⅱ.①倪… Ⅲ.①网络营销－研究 Ⅳ.①F713.365.2

中国版本图书馆 CIP 数据核字 (2019) 第 236057 号

主 编：倪 渥
序：游五洋
策 划：杨 涛
参与编写：王巍巍 李 伟 李虎风 赵倩雯 倪晓沙
　　　　　王 勇 周家瑶 石卓灵 杨 咪 李 舸

责任编辑 谢 未
版式设计 赵 燕

商业直播网红塑造
Shangye Zhibo Wanghong Suzao

主　编：倪 渥
出　版：东华大学出版社
（上海市延安西路1882号 邮政编码：200051）
出版社网址：dhupress.dhu.edu.cn
天猫旗舰店：http://dhdx.tmall.com
营销中心：021-62193056 62373056 62379558
印　刷：深圳市彩之欣印刷有限公司
开　本：787 mm×1092 mm 1/16
印　张：9.25
字　数：326千字
版　次：2020年1月第1版
印　次：2020年1月第1次印刷
书　号：ISBN 978-7-5669-1632-7
定　价：68.00元

目录 Contents

序 ·· 5
引言 ·· 6

第一章　直播间开播 ··· 9
一、直播准备 ·· 9
二、直播间灯光设计 ·· 16
三、直播间系统优化配置 ··· 22

第二章　主播形象设计——如何打造直播网红的个人特色形象 ······· 24
一、主播个人形象 ··· 24
二、主播表情与体态 ·· 26
三、主播妆容形象设计 ··· 27

第三章　直播导购销售 ··· 43
一、顾客（粉丝）购买行为解析 ··· 43
二、直播商品销售的策略及方法 ··· 45
三、直播商品销售的人、货、场 ··· 48
四、主播要点把握 ··· 52

第四章　直播数据运营 ··· 56
一、直播间基础运营分析 ··· 56
二、直播运营数据解析 ··· 67
三、直播间操作案例 ·· 77

第五章　服装品类主播专业知识 ··············· 82
一、服装搭配基础 ································ 82
二、不同场合着装及配饰搭配 ····················· 99
三、个人形象风格与服饰搭配 ···················· 103
四、服装与面料的鉴别和保养 ···················· 118
五、主播开播路径案例解析 ······················ 121

第六章　短视频拍摄技巧与流量变现 ············ 125
一、前期准备工作 ······························· 125
二、短视频拍摄技术 ····························· 133
三、短视频的剪辑和特效 ························ 136
四、视频发布及引流、变现模式 ·················· 142
五、抖音算法机制 ······························· 144
六、短视频创作的关键要素 ······················ 145

序 Forward

从 2016 年商业直播元年至今已有 4 年，淘宝直播第一批主播都是来自淘宝生态体系内部，前期基本都是从淘女郎转化而来的。2016 年 3 月份内测的时候，淘宝官方主动邀请了一批形象气质、粉丝数量、带货能力都不错的淘女郎到淘宝总部进行直播培训。像薇娅、小侨、烈儿宝贝等都是差不多在那个时候进来的。这一年也是直播起飞的一年，可以说从此淘宝等购物平台完成了从文字→图片→语音→视频→视频直播的进化，为广大顾客带来了全新的感官升级。直播可以让我们更真实地感受产品，并能更直接地与用户互动，产生全新的购买场景，由此引发各行各业的营销革命。

直播是一种新媒体营销的手段，各行各业都可以根据自身的特质来加以运用，直播运作主要由主播来完成，而主播的成果离不开运营，加上颜值、品质、信任，即称之为"直播三角"。

商业直播网红塑造这本书是杨涛老师与倪滉老师会同多位直播行业的参与者共同编写完成的，本书阐述了如何做一个直播网红所必备的知识，包括直播间的设备、灯光及背景设计、主播所必需的导购知识、直播的数据运营、主播的形象设计等多方面的专业知识，为想做直播的企业及个人提供了一个实际操作的路径。

商业直播（包括淘宝、蘑菇街、京东、抖音、快手等直播平台）中，女性主播占比较高，大部分集中在三、四线城市，年龄以 25 到 30 岁人群为主，2018 年后逐步向一、二线城市蔓延。现在手淘用户的活跃数大概是 6 亿，淘宝直播的用户已达大几千万，这个市场还有很大的发展空间等待我们去挖掘。希望本书能对那些梦想成为直播网红的读者有些许的帮助。

游五洋
2019.9

引言

2016 年被称为直播元年。随后两年，商业直播行业大爆发，巨额资本进入市场。2018 年直播行业已然是一片红海。图 0-1 为 2015—2019 年中国直播营销市场规模及收入占比。

图 1-1

2018年，在野蛮的跑马圈地时代结束后，直播平台逐渐回归理性与规范，行业格局重新洗牌，众多弱小的直播平台倒下。到今天，直播行业只剩下几个有实力的玩家，尤其是"电商直播＋电商""视频＋网红＋直播""社交＋团购＋直播"等多种运营模式的出现，商业直播在两年多的发展历程中与短视频不断融合创新，进一步蓬勃发展。本书将详细解密直播及短视频行业的各种关键操作技巧。随着抖音、快手等短视频平台的兴起，以短视频及社交电商直播为主体的直播形式俏然发展起来。从直播间内无需跳转、一键购买的创新方式，再到"直播＋红人"帮助所有想通过商业直播提高产品营销的个人及单位，解决他们对如何进行商业直播无所适从的困惑。一场 4～5 小时的直播可创造相当于门店一个月的销售额，因此我们可以通过对直播间后台数据的分析，再根据各类商品的不同属性及选择查看主播以前直播的结果，对本次直播间的专业主播进行匹配。主播需要选款、化妆 1~2 个小时，直播 5~6 小时，总结 1~2 小时。而直播 的 5 小时期间，一般要换 40 套左右的衣服。主播的第一印象需要吸引到消费者，然后通过场景、氛围的营造，配合促销力度，促成销售的转化。转化及时、链路短是其他内容形式很难做到的。

直播还能预测新一季服装的流行趋势，每季从半年缩短到 15 天。超大主播一年负责 200 个品牌，有服装、化妆品、食品等，销售额在 100~500 万元。

从 2018 年开始，杭州本土服装企业开始大力追捧网红品牌，比如伊芙丽、雅莹、Mofan、郁香菲、芭蒂娜、卡拉佛、百格丽、JAC、Double Feac、衣品天成等。的确，自带流量的网红主播，是行走的大型 IP（Information Property），在其直播的过程中，通过销售数据及什么款式与色彩的成衣卖得更好等数据，能为企业后续的设计与生产提供前瞻性的预测，好的直播间甚至可以提前半年预测未来的设计与生产情况。

从选款到直播销售，再到供货，服装的生产周期在不断缩短。我们认为网红品牌的服装供应链可以把生产周期缩短到15~20天，甚至更短。

直播与短视频网红为什么能在电商行业中快速崛起呢？

网红与消费者的距离很近，他们的风格和定位，都是基于实时的时尚，另外其本身可以通过自身的敏感性，发现新的流行趋势，甚至成为流行趋势的引领者。现在主播作为KOL（Key Opinion Leader，关键意见领袖，属于营销学上的概念）通常被定义为拥有更多、更准确的产品信息，且为相关群体所接受或信任，并对该群体的购买行为有较大影响力的人。相当于主播承担了一部分平台的任务，通过与粉丝群的互动，帮助平台实现更精准的货与人的匹配。这与"猜你喜欢"的同类机器算法解决的是同一个问题，且因为粉丝的追随，KOL推荐的商品具有一定的溢价空间，不是低价通吃策略，后者需要由商家毛利率承担，而直播方式是将一部分毛利让渡给了KOL，从而变成了营销成本。

同时，这种匹配成功度也是平台流量分配机制中的重要权重。谁的消费者指向性更明确，带货转化率更高，谁获取的流量就可能越大。

我们认为这是电商直播与秀场直播的本质差别，即电商直播及短视频主角是通过知识、技能做商品分发工作，直播间的核心是商品，消费者的最终诉求也在商品本身。直播与短视频背后有一个庞大的商品进行支撑，商品的翻新速度主导着消费者的审美周期。

除了本身的流量，直播与短视频还是一个新的销售渠道。它用直播与短视频的方式，实现虚拟现场解说与产品相结合的模式来服务于粉丝群，相比到店消费，消费者不再局限于本地，黏性更大。同时，主播作为衔接产品与粉丝的桥梁，可以去除大部分中间环节和广告费用，利润空间也大。不过，不断攀升的销售额也受到了来自市场的冲击。网红电商销售的货品80%是现货，而20%是预售，货品一般是在48个小时之内发货。对服装企业来说，如果要做线上推广，就要有一定量的现货。在行业内，也有人把这个叫做"快返"，意思是快速返单，考验的是企业的生产能力。如果供货能力跟不上，可能一场直播做完，由于订单量大，发货会很吃力。另外，网红品牌上新的速度也让传统企业望尘莫及，网红品牌一场直播可能把传统服装企业一季度的款式全都销售出去，如果企业没有超强的开发、设计能力，就完全跟不上销售速度。

为什么商业直播与短视频还有巨大的机会？

从整个市场空间看，阿里巴巴发布2018年财报时提到，该季度新增的消费者主要来自三、四线城市和农村地区。从这个数据可以看出，下沉用户成为移动互联网新流量的一个重要来源，三、四线城市移动网民占比超过50%。淘宝直播恰好契合了这波用户的消费需求。

商业直播（包括淘宝、蘑菇街、京东、抖音、快手等平台）中女性用户占比较高，大部分集中在三、四线城市，年龄以25～30岁为主，2018年后逐步向一、二线城市蔓延，而且她们的线上消费力很强。淘宝直播提供了一些丰富的展示形式、多元化的商品信息以及强有力的互动场景，也进一步激发了女性用户的购买欲望和分享欲望。现在手淘用户的活跃人数大概为6亿，淘宝直播的用户已达几千万，这个市场还有很大的上升空间和潜在流量等待挖掘。

第一章 直播间开播

成功是奋斗者才享有的权利，每个行业都是一样的。

一、直播准备

（一）直播间规范

严禁直播《中华人民共和国宪法》《全国人大常委会关于维护互联网安全的决定》《互联网信息服务管理办法》《互联网站禁止传播淫秽、色情等不良信息自律规范》所明文严禁的信息以及其他法律法规明文禁止传播的各类信息；严禁直播违反国家法律法规、侵犯他人合法权益的内容。

（二）直播前准备

准备好封面图、标题、内容简介、主打商品。

（1）封面图：内容需简明扼要，可以是主播照片或与主题相关的内容，最适宜放上主播自己的美图，不宜空置大面积白色背景图，不要在墙上贴牛皮癣纸张（图1-1）；

图1-1

（2）直播标题：字数控制在 12 个字以内，内容亮点和平台浮现权益两者都不能少（图 1-2）；

（3）内容简介：主要是本场直播的主播、粉丝福利、流程、特色场景文案及主播的自我介绍、主打商品的亮点等，需具有较强的吸引性；

图 1-2

（4）主打商品：主打商品要选择性价比高的商品，如快鱼之类的商品（图 1-3）；

（5）通知渠道：消息通知路径为淘宝直播 App—我的—右上角消息图标—通知。

标题和封面图是粉丝第一眼看到的，因此封面图、标题、内容简介、主打商品要有统一的设计。

图 1-3

（三）直播间注意事项

（1）直播封面：

①必须与主播直播间真实形象保持一致，不得出现任何文字（拍照背景也不要出现文字）；

②不得出现 Logo；

③不得出现大面积黑色图；

④注意比例。

（2）直播画质：人脸要立体，能看清商品细节，光线明亮，不模糊；

（3）第一视角：主播直面观众，构图完整，最好有固定人员作为控场；

（4）拍摄镜头：镜头或手机不能抖动，要持续稳定（室外需尤其注意）；

（5）背景布置：简单、明了、大气、不抢镜，采用聚焦观众注意力的环境设计；

（6）现场声音：主播声音传达清楚，不要有嘈杂声音，室外直播需尤其注意；

（7）网络信号：用较好的网络，保持网速稳定，不卡顿（否则会影响交易），室外直播不去信号弱的地方（如电梯间、地下），大型现场要自架专线；

（8）手机端：需下载淘宝联盟和旺信等各大直播平台的 App；

（9）避免出现常见违规案例（图 1-4）。

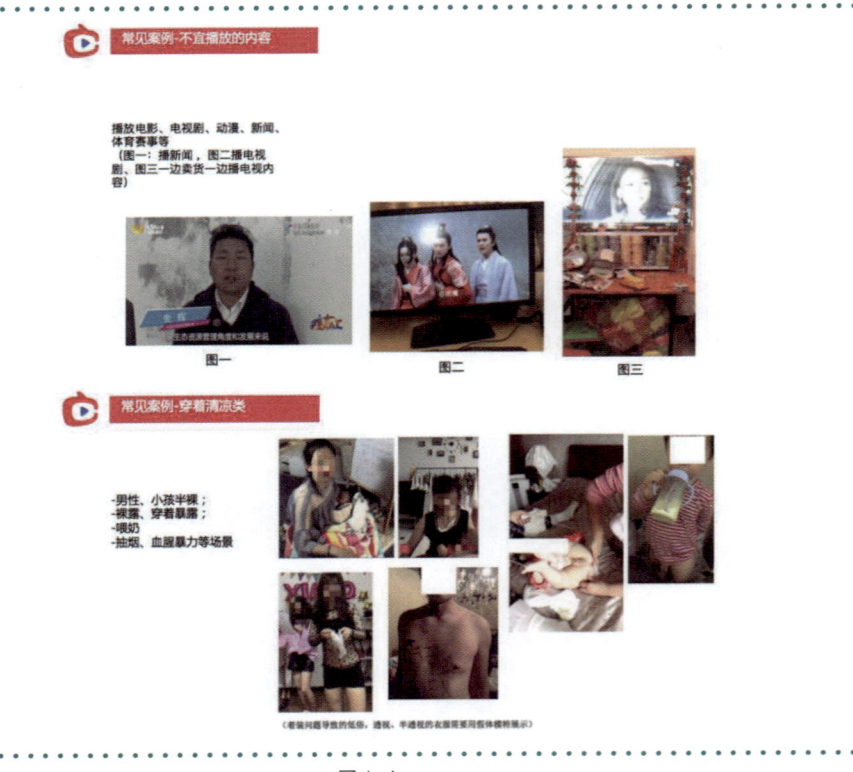

图1-4

（四）直播间设计
1. 直播间装饰设计
直播间靓丽有特色的设计是商业直播的形象门面，下面通过多个设计纬度详细解析。

（1）移步换景设计。直播间的背景设计不能单一不变，因此如何将背景设计做到既固定又有变化，这就需要充分利用背景的平面结构。设置几层或多层来达到立体及平面变化的效果，就如苏州园林中以月为门的设计，借门取景，将园林景色镶嵌于月洞门中，犹如在月盘之上绘自然风景，反映了古人诗情画意的生活。同样可借用圆、方、菱等形状构成前景，调换不同的背景，形成新的意境，达到不同的效果，同时还可以利用不同色彩的窗帘与墙面的组合，设计新的背景构图等，如图1-5、图1-6所示。

图1-5　　　　图1-6

（2）大面积墙面混搭设计。如果背景墙面积较大，无论是横向还是纵向，都可以充分利用。大气的背景墙应该避免单调，可以用2~3种不同材料来打造，比如大理石、玻璃、实木贴面、壁布等。另外，在墙面造型的设计上可以略有层次感，寥寥几笔的勾勒就能让这面墙生动起来（图1-7）。

（3）实用型墙面多做装饰柜。将墙面做成装饰柜是当下比较流行的直播间装饰手法。装饰柜可以敞开，也可封闭，但体积不宜太大，否则会显得厚重而拥挤。要突出个性，甚至在装饰柜门上挂各种装饰或衣服，都是一种独特的装饰手法（图1-8）。

（4）灵活搭配的纹饰面板。纹饰面板在装饰过程中应用非常广泛，将它用作直播间背景墙的人也越来越多，因为其花色品种繁多，价格经济实惠，不易与其他木质材料发生冲突，可更好地搭配，形成统一的装修风格，清洁起来也非常方便（图1-9）。

（5）玻璃、金属装饰体现现代感。采用玻璃与金属材料做背景墙，能给直播间带来很强的现代感，因此是常用的背景墙材料。虽然成本不高，但是施工难度较大，可以考虑适当地镶嵌一些金属线，效果也不错。

图1-7　　　　　　　　　　　　　　　图1-8

图1-9

（6）多姿多彩的墙纸、壁布。走进卖场中墙纸、壁布的展示区，许多人都会被其鲜艳的色彩、漂亮的花纹深深地吸引。近年来，无论是墙纸还是壁布，加工工艺都有很大进步，不仅更加环保，还有遮盖力强的优点。用它们做背景墙，能起到很好的点缀效果，而且施工简单，更换起来也非常方便（图1-10）。

（7）艺术喷涂营造变幻的效果。油漆的色彩非常丰富，有创意的设计师可以巧妙地利用其这种特性，设计出许多富有特色的直播间背景墙。油漆、艺术喷涂的原理很简单，就是在背景墙后，喷涂不同颜色的油漆形成对比，打破背景墙面的单调感。当然，色彩也不宜过于鲜艳，在搭配上一定要注意与直播产品协调，否则会喧宾夺主（图1-11）。

（8）装饰品充当背景墙。如果找不到满意的直播背景墙材料，还可以在直播墙区域设置一些空间，用来摆放自己喜爱的装饰品。这样一来，不仅可以扩大选择余地，而且随时可以替换，简单却不失品位。但是要特别注意灯光的布置必须得当，用来突出局部照明的灯光不能太亮，否则可能会影响直播收看效果（图1-12）。

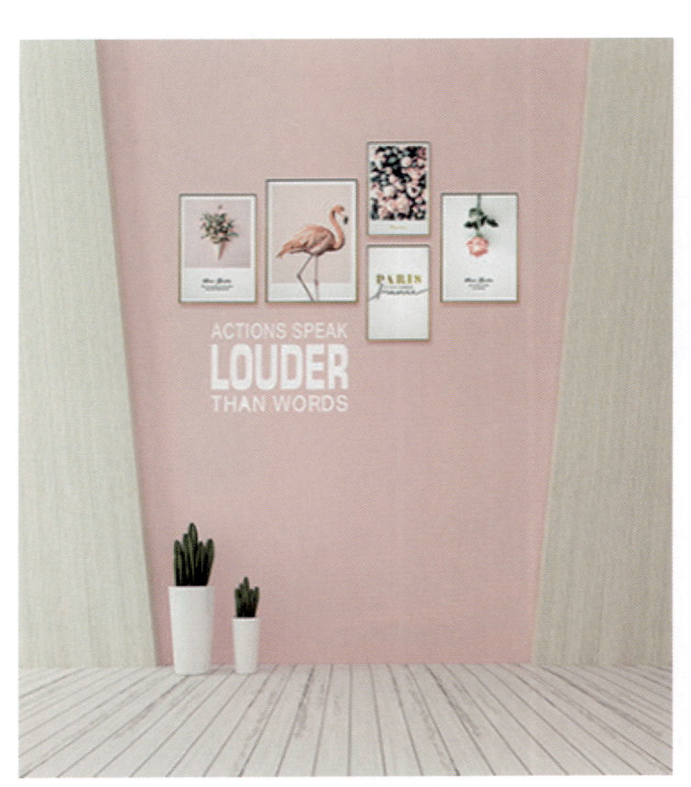

图 1-10

图 1-11

图 1-12

2. 直播间风格设计

对于一个顾客或粉丝来说，进入主播直间第一眼看到的就是整体的效果是否能吸引眼球，因此直播间布置的风格特色变得尤为重要。简单、精致又具有风格特色是直播间设计的重点，尤其是没有大资金的小主播。所以如何做到既简单又精致、高端的直播间风格，是主播吸粉、做好直播的要素之一。

（1）直播间风格把握。直播间的风格设计，主要是看主播人设风格及产品风格，或主播比较喜欢什么样的风格（只要色彩协调），直播间便可以设计布置成什么样子。直播间有欧式、现代、韩式、美式、中式等各种各样的风格。关键是直播间细节的处理，不起眼的某一处角落的设计，说不定就是粉丝爱你的情结。比如可以添置一些绿植或是当地特色的物件，又精美又好看（图1-13）。

（2）简约风格背景设计。如果直播间背景是粉刷成白色的墙，以干净、明亮、风格简洁的墙纸打造完美直播间是一个不错的选择。选择浅色的墙纸使直播间看上去小清新又很明亮，能够鲜明地突出主播的主持风格（图1-14）。还可根据主播的喜好选购各色墙纸，切记不要选过于个性或花哨的墙纸，否则会降低主播的气质，同时会混淆主播介绍的产品主题色（图1-15）。

图1-13

图1-14

图1-15

二、直播间灯光设计

直播间灯光照明与摄像有着密切的关系（即画面中的场景、人物、色彩还原准确和逼真，且三维效果显著）。照明技术的好坏是高质量直播制作的关键。直播间灯光的影响因素包括主光源与辅光源、背光源与轮廓光以及装饰光的位置、角度和强度等，这些对直播画面将产生很大的影响。商业直播按照直播地点划分，可以分为室内直播和室外直播，灯光设计对于室内直播间尤其重要。在网络直播间的环境布置中，除了对直播间的背景、物品摆放有要求外，直播间灯光的设置也是重要因素。有的网络直播新人对此没有认识，单纯地认为随意找个房间，打开日光灯直播就行了，但是网友在进入她的直播间后，在日光灯的照射下，会暴露主播面部的某些缺陷，降低美感，缺乏对顾客的吸引力。

（一）灯光主体规划设计

灯光最主要目的是达到通亮，特别是服饰类的商家更要注重这点。注意衣服的色差很重要。色差过大是非常致命的。因此灯光不要有过多色温，做到通亮即可，这样会减少色差，要把货品的质感和真实度通过直播的方式展示给粉丝。

灯光除了通亮还需做到无影，有影就说明灯光打得不均匀，这会出现一些情况，比如上身亮下身不亮，或者是上下身灯光不协调。在做直播前，一定要多调试灯光，把灯光调整到最佳的状态，这样就能够很好地提升用户的在线体验。还要注意整个直播间的画面结构，在做摄像机摆位的时候要充分考虑主播不同站位所产生的画面，这关系到公域展示的贴片效果等，让画面结构尽可能接近黄金比例，这也能够让粉丝把看直播的重点放在货品以及活动的促销活动上。

为了区分拍摄主体人物和灯光的位置，以及摄像机的位置。我们把主体人物、灯光及摄像机位置用钟表表盘作形象化说明。主体人物位于表盘的中心位置，摄像机放在中心位置的正前方位置，即 6 点钟的位置。通常作为主光源的灯应布置在稍微靠近摄像机的一侧，即在摄像机左侧 7、8 点钟的位置或右侧 4、5 点钟的位置之间，然后将主光源升高到高于主体人物 30°~40° 的位置，这一位置将在面部产生少量的阴影，使主体人物更具立体感。主光源高度

图 1-16

要足够高，使它高于主体视平线，但又不宜过高，过高会使眼睛下方产生较多的阴影。直播间主播上方可安装顶灯，一般有日字型、十字形、丰字型顶灯，光线要明亮，最好选择现在流行的 LED 灯，其具有光线明亮、瓦数小、节能的优点（48 瓦以上）。通过柔光灯和顶灯的搭配，能让主播们充分展示自己的美感，在通亮的灯光下，加上主播们漂亮的妆容、得体的衣服、精心布置的背景，会很大程度上吸引粉丝的关注，让粉丝一进直播间就会赞叹不已。由此可见，直播间的灯光设置一定不能忽视（图 1-16）。

（二）灯箱补光照射

如果直播间光线较暗，或是因为装修导致室内光线不充足，这个时候用柔光灯箱就能解决问题（图 1-17）。柔光灯箱一般用于摄影工作室。主播在开播时一般也会用这个补光，因为柔光灯箱照射出来的灯光是白色的，而且光线不会溢出，不会像台灯那样刺眼，更不会造成镜头曝光，照射在人脸上自然柔和。主播们在进行直播时，一般都需要安静的环境，所以直播间都会将房间或场地密闭起来，这样灯光就会比较暗，尤其晚上更是如此。这时如果增加一个柔光双灯组合来补光（通常包含 2 个柔光罩，2 个柔光灯箱，2 个 LED 灯和 2 个灯架），主播在直播时，能极大地改善自己的肤色，显得更加靓丽。这里要注意的是柔光灯组合需放在人两边较远的地方，不要在镜头中显露出来。

图 1-17

（三）光源类别

直播间灯光的布置可以很好地促进商品成交，并且会给店铺带来很多自然流量。为了取得良好的拍摄效果，灯光的选择是一个不可忽视的因素。直播间场地一般都不会太大，有以下几种方式选择灯光布局。

1. 顶光（天花板上的光源）

此种光源适合房屋层高在 2 米以上，其优点是照射光线充足，能突出鲜艳的色彩。缺点是照射人脸时会有明显的阴影，需要有补光灯。预算充足的直播商家，还可搭配背景光（消除背部阴影）、轮廓光（聚光灯，确保肩膀处有灯光）、主光和面光（确保人物形象饱满，画质更清晰），如图 1-18 所示。此外，顶光的悬挂系统还可以最大化地利用场地，人物走动亦不受影响，轨道和灯具均可滑动，时刻保持主播的灯光充足。

2. 顺光

顺光是指主播正面的光源，其优点是能够让主播的脸部清晰易见。缺点是正面光源，主播脸上会没有阴影，画面看上去十分呆板，缺乏立体层次感。因此顺光的安置要跟据房间的大小确定，同时光源要与主播位置形成角度，才能达到理想的效果（图 1-19）。

图 1-18

3. 侧光

光源从主播侧面照射而来的光称为侧光，这种光源能够展现画面的层次感以及质感，勾划出明显的轮廓。优点是能突出主播形象，展现出主播的面部轮廓细节。缺点是有时会导致视频画面明暗不均（图1-20）。

4. 背光

背光也称为逆光，光源从主播背后照射而来。其优点是能给主播画面加强气氛，获得戏剧性效果。缺点是主播脸部阴影部分会失去层次细节，摄像头会产生耀光情况，也会降低主播画面的反差（图1-21）。

5. 射光

射光一般安置在主播的身后，作为背景的效果。

图 1-19

图 1-20

图 1-21

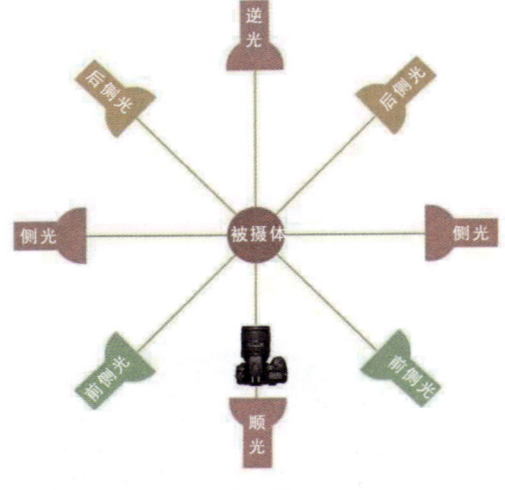

图 1-22

除了以上几点，还需准备便携套灯（图1-22），便携套灯适合多种场合，成本也不高，非常适合直播时主播活动少的场景，如坐播或站播。色温有单色温3200K~5600K可选，如有需要也可调整为双色温，显色指数Ra值≥95，外形尺寸260 mm×270 mm×40 mm，不影响拍摄。如有外出拍摄直播需求，也可通过拉杆箱随意移动，十分便捷。三灯套装可通过三点布光方式进行调整搭配，提升主播形象。

（四）主播镜头与灯光
1. 商业主播灯光设置参考

灯光可以制造气氛和营造风格，灯光涉及的因素很多，光源、光照角度、亮度、色温这些特征的不同组合都会产生不同的效果和作用。

（1）主要光源。主要光源是照射外貌和形态的主要光线，承担主要的照明作用，可以使主播脸部受光匀称，是通过灯光美颜的第一步（图1-23）。

（2）辅助光源。辅助光源用于辅助主要光源，增加脸部的立体感，起到突出侧面轮廓的作用。从主播左右侧面呈90°照射，在左前方45°照射的辅助光可以使面部轮廓产生阴影，塑造立体质感，从右后方45°照射的辅助光可以使后面一侧的轮廓被打亮，与前侧光产生强烈反差，更利于打造主播整体造型的立体感和质感。但要注意光线的对比度的调节，避免光线太亮使面部出现过度曝光和部分太暗的情况（图1-24）。

（3）轮廓光源。轮廓光源又称逆光，在主播的身后位置放置，形成逆光效果，勾勒出主播轮廓，可以起到突出主体的作用。从背后照射出的光线，不仅可以使主播的轮廓分明，更可以将主播从直播间背景中分离出来，突出主体。作为轮廓光，一定要注意光线亮度的调节，如果光线过亮会使整个画面主体部分过黑，同时摄像头入光会产生耀光情况，使用不当容易引起反作用（图1-25）。

图1-23　　　　　　　　　　　图1-24

图 1-25　　　　　　　　　　图 1-26

（4）顶部光源。顶光是次于主光的光源，从头顶位置照射，给背景和地面增加照明效果，也可产生浓重的投影，有利于塑造轮廓造型，起到瘦脸的作用。需要注意顶光位置最好不要离主播位置超过 2 米。顶光的优点很多，但缺点是容易在眼睛和鼻子下方形成太大的阴影，一般鼻下阴影有大约半个鼻翼大小（图 1-26）。

（5）背景光源。背景光源又称为环境光，背景光的设置要尽可能简单，切忌喧宾夺主。将主播的轮廓打造完毕后，会呈现出主播完美的肌肤效果，如果发现精心装修的直播间背景显得非常黯淡，这时需要安置背景光，它的作用是让室内的光线效果均匀，呈现主播美肤的同时保持直播间的背景完美。但需要注意，为了保证背景光灯光效果均匀，应采取低光亮多光源的方法布置（图 1-27）。

图 1-27

以上的布光方法，会使主播的脸型及肤质在一定程度上得到较大的提升。各类灯光设计及配置是一个直播间必不可少的要素，每种灯光都各有其优缺点，配合使用可以取长补短。调光的过程非常漫长，需要耐心细致，找到适合自己的灯光效果。

2. 娱乐主播灯光设置参考

娱乐主播灯光设置要比商业主播的灯光设置要求更高，需注意以下几点：

（1）主播的身体要正对着摄像头，如受场地环境限制，也可稍微侧身，但不要太离谱，太过于侧身，不利于和粉丝的互动，也显得不那么尊重粉丝，身体占视频画面的一半为宜。

（2）脸部占画面的四分之一或五分之一为佳。太靠近摄像头会显得脸大，而且脸上瑕疵会很轻易地显现出来，离得太远也不合适，看不到屏幕上与粉丝互动的文字（图1-28）。

（3）身体上半身要出现在画面的中心。有些主播为了制造神秘感，仅仅只露出半张脸，偶尔这样也无可厚非，长时间这样的话，粉丝会失去耐心。当然，如果觉得侧脸好看，可以把摄像头稍微调偏一些，但不宜过偏（图1-29）。

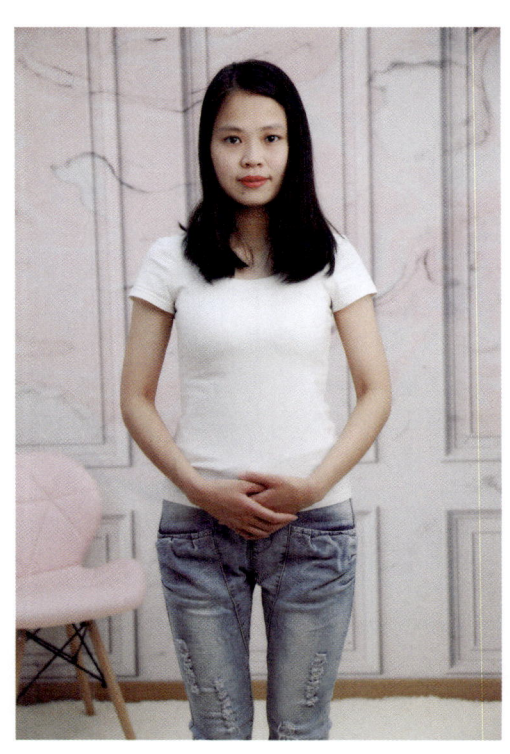

图1-28　　　　　　　　　　　图1-29

（五）直播间面积与灯光比例

1. 手机直播

直播间面积15cm² 左右：3～9盏；补光灯为1～3盏（三点布光）。

直播间面积大于15cm²：9～18盏；补光灯为1～3盏。

2. 摄像机直播

直播间面积 15cm² 左右：3～9 盏；补光灯为 3～5 盏（摄影补光灯：太阳灯、柔光箱、柔光罩），经典布光。

直播间面积大于 20cm²：9～18 盏；补光灯为 3～5 盏（摄影补光灯：太阳灯、柔光箱、柔光罩），经典布光。

三、直播间系统优化配置

（一）电脑参数

电脑参数推荐 Windows 或 MacOSX 系统；处理器 Intel i5 及以上，主频 2.0 GHz 以上。

1. CPU

商业直播（淘宝）和游戏直播不同，由于淘宝直播只是对视频画面进行直播，所以对于 CPU（Central Processing Unit）的要求不需要太高，4 代以上的 i5 处理器即可，因为八代 i5 的核心数量增加到了 6 核，对于淘宝直播来说更有优势。具体的 CPU 型号可以选择 i58400 或者 i58500，这两款型号都是八代 i5，前者比后者的主频稍低一点，不过价格相对便宜。

2. 内存

对于淘宝直播来说，8G 内存就可以满足，推荐威刚万紫千红 8G 2400。

3. 主板

如果选用八代 i5 处理器，那么主板则要用 300 系列。如果想尽量节省成本的话，就用 H310 系列的主板。如果希望以后的扩展性能更丰富，推荐使用 B360 系列的主板。Z370 则不用考虑，除非使用的是 i7 处理器。

除了选择主板的型号之外，还需要注意主板的品牌，切记不要贪便宜去用杂牌主板。虽然主板不会影响机器的性能高低，但是主板是承载整个平台运转的载体，杂牌主板会给机器埋下各种不稳定的隐患。

4. 显卡

相对于游戏直播来说，淘宝直播不需要太好的显卡。如果不考虑玩游戏或者视频剪辑之类的话，集成显卡就可以完成淘宝直播的工作。不过大多数用户可能还会做一些淘宝直播之外的工作，所以还是建议搭配一款独立显卡，如影驰 GTX1050 黑将 2G，千元以下的价位，大多数用户都能接受，性能也能满足大众的需求。

5. 硬盘

硬盘肯定是首选固态硬盘，也可以考虑再加一块大容量的机械硬盘。

6. 电源、机箱

电源机箱功率要足，不是杂牌即可。

总体来说，淘宝直播的电脑配置要求并不高，目前主流的 i5 平台，内存 8g 就足够，显卡也不需要太好，如果资金紧张的话甚至可以不要独立显卡（后期可以再加）。

7. 推流软件推荐
天马导播台（阿里直播专用）和 OBS（全网直播都可以用）。

（二）直播间摄像设备（视频录制与直播兼顾）

1. Eyemore 直播相机
一般罗技的摄像头就可以满足需求，实现基本画质。如果还想要再高级的，可用专业级直播相机。

推荐理由：
（1）更接近真实的效果，色差小；
（2）可调节色温，可调节灯光效果；
（3）方便易携带。

除了设备之外，还要有更好的变焦镜头，保证主播移动时可以更快地对焦。

2. 奥林巴斯变焦 ED 14-42mm F3.5-5.6 EZ

推荐理由：
（1）广角镜头，显得人比较瘦；
（2）自动对焦，对焦速度快；
（3）画面锐度高，背景显示清晰。

3. 其他设备
对直播的品质有超高要求的，可以购买 Eyemore 专业摄像机。从最低级的罗技摄像头到终端的监控器等，如嵌入式导播一体机等。

第二章 主播形象设计
——如何打造直播网红的个人特色形象

一、主播个人形象

（一）主播个人的内外形象

主播个人形象是直播内容与个人风格的统一，更是专业知识水平、修养、风度的体现。主播的个人形象能直接影响到顾客的购买欲望及关注度，并且能更好地确立主播的专业性和权威性。

主播个人形象是新的社会学角色，社会对不同角色有不同的期许。主播形象是外在形象与内在形象的统一。

1. 外在形象

主播形象虽然是自己的，但也存在于他人眼中，良好的专业形象能更好地展示自我的内在魅力。主播外在形象可通过镜头中鲜活的视觉风格形象、感人的听觉形成丰富的联动印象，主要包括主播的行为举止、服饰搭配、语调仪容、说话方式等。

2. 内在形象

主播通过展示产品及专业化的阐述，使自己的外在形象通过内在形象包括个人的品性、修养、学识、自我认知、心态、智能（知识、智力、技能、才能）等方面渗透进粉丝的心中，成为粉丝喜爱的对象。

（二）如何打造主播个人形象
1. 主播形象打扮的要素——色彩

靓丽的形象需要主播学会得体地打扮，从服装的挑选到自身妆容的勾画等，包括适宜各类直播场合的专业服装类别，从职场装到休闲装，从 OL（Office Lady）装到淑女装等。打造适合自身气质风格的直播形象，最关键的是色彩的运用自如。

我们知道，服饰色彩要注意"三色原则"，即全身服饰搭配色彩不能超出三种颜色，而且最好还要有一种中间色，而服饰色彩的搭配要在总体和谐中有变化，变化中有特点。下面介绍色彩的几种运用方法。

（1）同类色系的运用：同类色系和邻近色系的服饰搭配能展现成熟、高雅的现代都市风格，如浅色系、浅浊色系、驼色系、咖啡色系、芥末色系、棕黄色系等，色彩柔和而不过于强烈，稳定性强，有亲切感；还有些深色系，如深藏青色系、粟色系、灰褐色系，色彩凝重深沉、端庄华贵，成熟者穿着显沉着，年龄轻者穿着可帮助建立权威性。

（2）无彩色系的运用：无彩色包括黑、白、灰的各种深浅色系，当几种不易搭配的服饰色彩在一起时，可用这些颜色来协调，还可作为主色调运用。

（3）对比色的运用：主播不宜穿着对比较强烈、色彩鲜艳和明度高的服饰，容易喧宾夺主，降低了直播间的内容成分。但使用少而精的鲜艳色或对比色作点缀，能起画龙点睛的作用，亦能活跃气氛。

2. 主播着装注意事项

一般主播穿直播间要介绍的服装为主，特别是重点推荐的服装，以明快大方风格为主，突出主题，又不抢景。着装以能表达商品风格与自身的人设为主，需穿着方便、大方得体。

（1）主播服装应保持整洁干净，不宜拖沓；
（2）饰物精致，不宜过多，点缀即可；
（3）不宜穿发光，或者在走路时会发出声响的衣服；
（4）裙子不要太长，不穿太暴露服装；
（5）不宜配戴长串饰物，以及耀眼的手镯、戒指等；
（6）不宜穿过高的细高跟鞋；
（7）指甲要修剪干净，指甲油不宜脱落；
（8）不宜经常摸头发及经常调整穿着的服装，如经常拉直套裙或袜裤等。

（三）建立良好的主播第一印象

（1）谨记自己是顾客的商品顾问，认真表达自己对产品的理解；
（2）要十分认真和有意识地把握自己的行为，不说过头的话；
（3）与顾客在镜头前对话时，态度要诚恳稳重，行为要有节制。

仪表是主播建立信誉的基础，在销售导购上，有所谓"12秒要素"，即利用你的产品、设计、包装、色彩、陈列等来吸引顾客注意力所需要的时间。同样的时间限度，对建立主播的印象也是适用的。

在讲解中要认真把握自己的行为，这样才能在直播时维护好的形象，如果在最初时间段里，能快速地进入状态并保持最佳形象，那你将给顾客留下深刻而美好的印象。

（四）主播协调的语言和行动

主播在积极地宣导一种新产品时，要能使别人理解你所要讲的东西，同时又留下美好的印象。不但要通过语言进行讲述，同时也要通过有意识的动作和恰到好处的非语言性的交流来表述你的观点。

直播前的准备：

（1）先计划好要表达的内容；
（2）考虑如何利用动作、表情、声调等来加强说话的效果；
（3）把用语言传达的信息和非语言性的动作信号有机结合起来，传递直播的信息。

二、主播表情与体态

（一）脸部动作表情

成功的主播能利用他们内在的智力和外在的表现获得成功。

1. 轻松自如的表情

（1）保持头部平直；

（2）偶而有意的点头，而不是不停地乱点；

（3）维持并利用视线的接触进行有效地沟通。

2. 微笑的作用

（1）可以把自我接纳和接纳他人的态度传给对方；

（2）可以激发自信并帮助他人建立信心；

（3）可以散播愉快的气氛，让顾客对自己、对直播以及他们的购物体验都感觉舒服；

（4）舒缓紧张的气氛；

（5）确立一位优秀主播的权威性。微笑是一种即时的兴奋剂，让你看起来平易近人、有幽默感和热爱生活，通过放松喉头肌肉而改善音质，声音可以为主播减龄。

要达到以上这些效果，可以从以下两点入手：

（1）保持轻松自如的表情：把嘴维持在微张的状态下，嘴角略往上翘，面颊保持稍圆形状，就可以呈现有轻松自如的表情；

（2）始终保持微笑：如果对自己的牙齿、唇或嘴等不自信而拒绝微笑，也会造成问题。如果不能微笑，就不能做主播。

（二）五官动作

头部持平这一举动看起来似乎微不足道，但这是一种敏感动作，如经常晃动头部，会破坏别人对你的印象。

1. 头部持平

（1）看起来更有控制力及有信心；

（2）可改善主播的姿态；

（3）表现得更精力充沛；

（4）可改善主播的音质；

（5）有较好的位置来正视顾客。

2. 有意识的点头

（1）偶尔缓慢的、有深度的、有意识的点头，能增加自信和控场力；

口头上的"点头"，也就是说，头部持平而不乱点，但口中可发出一种肯定的声音，如"嗯""喔"；

（2）斜视或提升一边或两边的眉头，维持一两秒钟，同时把头部抬平，表示对顾客的尊重。

3. 视线的有效沟通

主播在讲解过程中要不断用视线接触商品，并与屏幕前的顾客进行眼神交流。在回答粉丝提问时，要看着屏幕，凝视能传达出一种尊重、支持的信息。有效的视线沟通在屏幕中同样有效。

主播的外在形象建立是可以在短时间内培养的，但内在修养是一个长时间修炼的过程，需"以出世态度做人，以入世态度做事"。

（三）镜头灯光的把握
1. 镜头画面阴影处理——灯光对脸部的立体美感塑造
（1）脸部适当前倾，使整个脸部立体感增强，显脸小（脖子有阴影，使下巴突出，立体感强，下巴小者，需仰视角度），切记脸部后缩，这样阴影浅，显脸大；

（2）侧脸时，鼻子不凸出侧脸轮廓线，尤其是下巴内缩者，更突出下巴短小，脸大者将灯光设置在 40°～50° 之间。

2. 避免灯光的直线照射
（1）灯光正面打在脸上时，标准是在鼻子下出现半个鼻头的阴影；

（2）打正面光时要向两边稍斜 5°～10°，这样两边的阴影就有所区别，如此脸部就更有变化及立体感；

（3）所有的灯光阴影均不能太深，否则会影响主播手中商品的清晰度。

（四）基本体态动作（站姿、摆姿、坐姿）
1. 体态角度对位
（1）挺胸平视，鼻下有阴影即可；

（2）身体可稍侧些，这样画面就有较强的立体感。

2. 头部视角与产品介绍
（1）头部角度上扬，显自信。适合时髦类西式洋装款，且色彩搭配对比度可稍大，适合修身类服装款式。

（2）头部角度平视，表达出信任平等的信息。适合时髦休闲类服装款式，色彩搭配对比弱些，修身及宽松类服装均可。

（3）头部角度下视，平易近人。忌脸部僵硬，适合带一点时尚的较传统类服装款式，色彩搭配比例协调即可，修身及宽松类服装均可。

三、主播妆容形象设计

主播的妆容要求与其他场合的化妆要求略有不同。网上流传一句话，"喜欢一个人，始于颜值，陷于才华，忠于人品，迷于声音，醉于深情。"主播的外表在一定程度上能反映出主播的性格、人品、修养等。心理学上有个名词叫"第一印象效应"，人与人第一次交往给对方留下的印象，会在对方的大脑中占据主导地位。主播的妆容是直播间的一张名片。很多人都很在意自己的五官，一个人想要拥有完美的五官那是非常困难的，就算是明星也不是完美的。

理想中的脸型总体特征，应该遵循以下的完美比例：三大主要区域即前额、眼和鼻、嘴和下颚分布均匀，两眼的间距以一眼的长度为佳。上眼睑与眉毛之间的距离适中，眉毛的弧度清晰典雅。

（一）脸型识别

识别自己的脸型，首先要正面平视，然后把所有的头发都扎起来，以面部清晰展现为佳。

（1）确认自己脸部最宽的位置是在前额、颊骨，还是下颌；

（2）比较脸的长度和宽度；

（3）比较前额最宽处和下颌最宽处的长度；

（4）确认自己下颌的轮廓是圆的、尖的，还是方的。

1. 椭圆脸（鹅蛋脸）

（1）颧骨宽度＞颞骨＞腮骨；

（2）腮骨不方；

（3）标准三庭。

2. 方形脸

（1）腮骨比较方，棱角分明；

（2）太阳穴凹陷，颞骨、颧骨、腮骨宽度差不多；

（3）下巴不突出，有点和腮骨融为一体。

3. 圆形脸

（1）腮骨和下巴比较圆，分界不明显；

（2）脸的长宽近似；

（3）中间一庭长度略大于额头和下巴的长度；

（4）远看有较圆的感觉，下巴处近似弧线。

4. 长形脸

（1）太阳穴凹陷，颞骨、颧骨、腮骨宽度差不多；

（2）腮骨为方形，略有棱角；

（3）三庭中最下庭稍长；

（4）整个脸的长度比标准长度略长。

5. 甲形脸

即倒三角脸型。当前最流行的脸型，也是现在大众审美观中普遍认为比较美观的脸庞，也叫锥子脸。

（1）腮骨宽度＜颧骨和颞骨宽度；

（2）腮骨比较方；

（3）下颌比较尖。

6. 菱形脸

颧骨的宽度＞颞骨、腮骨和额头的宽度，也就是太阳穴看起来比别处都宽很多，而额头很窄，下巴很尖，即为标准的菱形脸。

（二）各种脸型的美妆打造

椭圆脸（鹅蛋圆）（图2-1）

鹅蛋脸是典型的"万人迷"脸型，能展现很强的亲和力，因此在妆容塑造时应尽量往鹅蛋脸型上靠。椭圆型的妆面需自下往上、由内向外塑造，显得年轻的同时，增添亲切感。

1. 鹅蛋脸脸型特征

（1）线条弧度流畅，整体轮廓均匀；
（2）额头宽窄适中，与脸的下半部平衡均匀；
（3）中部颧骨最宽，下巴成圆弧形；

2. 鹅蛋脸适合的发型

（1）鹅蛋脸一般不挑发型，留刘海或者碎发稍加修饰都可；
（2）选择短发造型会突出脖子的曲线美，不同的短发会有不同的韵味；
（3）选择长卷发则女人味十足，矮个女孩不建议长发。

图2-1

方形脸（国字脸）（图2-2）

方形脸精神有力且霸气，但缺乏女人味，可在五官及发型上作修饰。方形脸是最难修饰的脸型，但是如配合五官及脖子（包括领子）等进行修饰，也能达到较好的效果。在下颚处可以用颜色较深的粉底涂抹，这样可以尽量收缩下颚。双眼的距离可以画得开些，并靠近眉毛。腮红同样往太阳穴方向扫，下嘴唇可画成三角形。

1. 方形脸脸型特征

（1）脸庞侧面线条较直，颧骨明显；
（2）下颌角往外放，额头也宽；
（3）下巴短、方、钝。

2. 方形脸适合的发型

（1）适合长发烫卷，散发出一种成熟女人的魅力；
（2）清爽的短发发型搭配空气刘海最适合，塑造萌萌的女生形象；
（3）蓬松的短发波波头也适合方形脸女生，可在视觉效果上做一定的修饰，在整体上给人以清新甜美之感。

图2-2

圆形脸（圆面脸）（图 2-3）：

圆形脸较柔，缺乏韧劲，是众多脸型中最接近鹅蛋脸的脸型，只是肉稍微多一点，长度也差一点，但可爱无比，应弱化本来的脸型轮廓，让脸看起来尽可能长一些。因此，彩妆要力求集中在脸部中央。眼妆和腮红不要向外扫，而要垂直扫，嘴唇应画得小而圆。如脸型过短，女性可塑造天真、孩子气、好奇心重、乐观、无心机、亲切而重感情的形象，但会略显不成熟，可做高头顶发型，并减小两侧发量，这样会显得更为成熟与淑女。

图 2-3

1. 圆形脸特征
（1）线条圆润柔和，颧骨不明显；
（2）下颌角往内收，额头较宽；
（3）下巴略短又有点圆钝。

2. 圆形脸适合的发型
（1）圆脸线条过于圆润，一般忌拉宽脸部比例、显圆润的发型。
（2）圆脸下巴短要忌讳厚重的刘海，否则，脸只会显得更圆、更短。
（3）圆脸可以用偏分修饰圆润脸颊。适合长度在下巴以下，锁骨以上的长波波头发型。无论选择哪种发型，圆脸都得注意蓬松度，蓬松发遮肉、刘海模糊发际线，忌讳留齐耳以上的短发。
（4）选择可以在视觉上拉长的发型，把视线引导在脸的上半部分。
（5）短而不圆的下巴可以选择中分。短而圆的下巴选择偏分，或者 C 卷、S 卷，或微风刘海。

长形脸（长面型）（图 2-4）

长形脸是标准的职业女性风格脸型，如前额太高，宜用发型遮盖前额使额头变短，而不能做高头顶或两侧蓬松的发型。长形脸可以依靠水平妆容来弥补，眼妆和腮红向耳朵方向呈水平状扫。

图 2-4

1. 长形脸脸型特征
（1）长且偏瘦，颧骨不明显；
（2）下颌角往内收且不宽；
（3）下巴长，有点方钝。

2. 长形脸适合的发型
（1）柔和的刘海会减少脸型长度，可选择齐刘海类型的空气刘海、八字空气刘海、法式刘海、平刘海等。空气刘海对长脸女生更适合，能适当掩盖发际线、额头不好看的问题，若有若无地遮盖住额头；
（2）长脸型偏瘦，线条稍硬，所以应忌讳直的刘海，选择蓬蓬的波浪卷发让整体的轮廓线更加饱满，也可拉长脸部的横向线条。

甲形脸（倒三角）（图2-5）

倒三角脸型上宽下窄，像个"心"形，又称心形脸。这种脸型很有异性缘和吸引力，一般这种脸型的女生都极有个性。额头较宽，妆容塑造时要弱化。眼妆应垂直扫，腮红的方向应该向下扫，嘴唇要画得圆。

1. 甲形脸脸型特征

（1）眼睛、眉毛、额头这些部分比较宽；
（2）脸颊向下逐渐变窄；
（3）腮骨突出，下巴比较尖。

2. 甲形脸适合的发型

（1）头发长度超过下巴两厘米左右为宜；
（2）重点注意额头及下巴，不宜留超短发，需齐刘海遮住额头，两鬓间短发勾勒出小V脸，或柔顺飘逸的长发，显得非常甜美；
（3）下颌会比较窄，运用卷发可以完美地修饰脸型，增加脸型的丰盈感，达到修饰轮廓的作用。

图2-5

面凹型（扁脸型）

此脸型一般给人印象较慵懒，需增强额头、颧骨、鼻及下巴的高度，使五官从正面看更有立体感，同时需增加五官部位的彩妆强度（图2-6）。

图2-6

面凸型（立体型）

此脸型给人的印象为具有表现欲，强悍。可略弱化额头、颧骨、鼻等处，产生均衡感，增加亲和力，拉近与粉丝的距离（图2-7）。

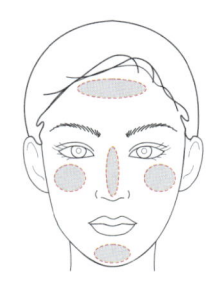

图2-7

大脸型（大饼脸）

大脸型特点为面部颧骨较高、大、有肉，整个脸型丰满，需在脸部突出部位转折处，运用妆色使之柔和（图2-8）。

图2-8

（三）眉毛的画法

眉毛是主播美妆的最主要部分，也是最容易出效果的，因此必须认真对待，尤其要注意与眼睛的同步化妆。

眉毛愈弯曲柔顺，则愈显温柔、体贴，粗则与之相反。如眉毛直而清秀细长，则显得个性爽朗、刚强温柔。

最佳的眉毛效果，要上下起伏，眉分上下两层，上层眉向下弯，下层眉向上弯，形成波浪一般，且每一条清晰而明亮，眉头眉尾不杂乱，因此梳理好自己的眉毛是关键中的关键，如遇眉心窄者，需精心修饰，使其宽度容两指宽。

1. 柳叶眉（娇柔眉）

顾名思义，此眉型眉毛两头尖，眉头呈弧形圆尖，眉尾长、尖，且弯曲弧度较大，呈柳叶形，不歪不粗，从眼头长长地到眼尾后方，使人见之舒心。这是一种经常受到称赞，深受大家喜欢的一种眉型。这种眉型代表柔情蜜意，女人味十足（图2-9）。

图2-9

2. 新月眉（醉人眉）

眉型有如月初之时的形状，形如弯钩，弯曲弧度比柳叶眉大，另外柳叶眉较细，新月眉较粗，颜色也微淡。这种眉型具有一些艺术化的诗意、感性、柔顺、瑞丽之美（图2-10）。

图2-10

3. 水弯眉（愉悦眉）

始粗末细，如一波浪划破碧水，一眼看穿，不料却是绵长荡漾。眉尾处比前端稍低，那一道眉清若水，总带给人愉悦之感。这种眉型的人看上去性格开朗、活泼好动（图2-11）。

图2-11

4. 小山眉（悦目眉）

以山喻眉，可作为眉型的一大代表，眉粗，适合传统且优雅的女性主播（图2-12）。

图2-12

5. 嫦娥眉（小檀眉）

嫦娥眉又名小檀眉，形似月亮，婉转表达一种淡淡的哀愁，舒徐绵渺，如同微凉月色，颇具美态。此眉适合知性、稳重、有思想的主播（图2-13）。

图 2-13

6. 一字眉（青春眉）

目前流行的主播眉型，一字眉和长脸搭配起来更具美感，能有效分割脸部轮廓。该眉型稍粗，两眉几乎落在同一水平线上，在三分之二处稍稍下弯有棱角，显得青春靓丽、活泼。但不适合短脸形及圆形脸（图2-14）。

图 2-14

7. 双燕眉（轻盈眉）

双燕形的两眉分布额前，就如燕翅，中后处凸上的弯弧恰到好处，自由伸展，绵长又柔软，适合娇小女性主播（图2-15）。

图 2-15

8. 秋波眉（生辉眉）

眉型迷惑、圆润、流线生辉等足以说明秋波眉在人际交往中给人的不同感受，秋波眉适合骨干分明、女人味稍显不足的女性主播（图2-16）。

图 2-16

9. 抚形眉（敦厚眉）

眉毛一头尖，一头粗，弯曲弧度不大，呈前粗、后窄的形状，使人见之平和有力。这是一种较好的眉形，有稳重敦厚之感，适合大多数女性主播（图2-17）。

图 2-17

10. 弓形眉（柔顺眉）

乍看之下像一张弓，再看又光滑圆润，似一条美丽有力的弧线，此眉型能改善强势女人刚性的一面，配合面部柔顺的妆容，适合方脸型女性主播（图2-18）。

图 2-18

（四）眼睛美妆修饰画法

眼睛美妆是美妆修饰的最明显部位，是所有妆面的关键点，是主播妆容的重中之重，眼睛的妆容塑造好了，才能对整体妆容胸有成竹。当然，与眉毛及嘴巴的同步美妆不可忽视，记住美艳就是从眼睛开始的。标准眼睛图如图 2-19 所示。

图 2-19

1. 小眼睛

小眼睛的人通常具有敏锐的观察力，思虑慎密，行事小心，然若眼睛太过细小，则主播气度稍显不足，因此必须在眼帘上加深色彩，使眼睛增大，增加吸引力，如图 2-20。

图 2-20

2. 大眼睛

大眼睛的人多显爽朗热诚，爱表现出风头，感受力强，喜欢华美的事物，因此大眼睛的主播，需淡化眼影，平衡上眼皮与大眼睛的比例，如图 2-21。

图 2-21

3. 细长眼

细长眼的人凡事喜欢速战速决，富于决断力，但却处事镇定，缺乏女性魅力，因此需将此眼描绘成凤眼形状，以增加吸引力，如图 2-22。

图 2-22

4. 圆眼睛

圆眼睛的人多显个性坦率，乐观而天真，善于表现自我，社交能力佳，喜欢浪漫的事物，很适合主播的妆面塑造，如圆眼睛太大，需要适度在上眼皮的尾部作延长处理，如图 2-23。

图 2-23

5. 突眼窝

突眼窝的人属于敢说敢做型，因此常让人感到有些自我膨胀、目中无人之感，因此必须将上眼帘画成如图 2-24 的形状，方能柔和变通，拉近与粉丝的距离。

图 2-24

6. 凹眼窝

凹眼窝的人个性敏感、操劳，外型看似老成，要注意修饰眼睛的四周，使主播看起来更年轻活泼，如图 2-25。

图 2-25

7. 斜眼睛

斜眼睛的人需左右矫正，可凸显眉毛及加深内眼角来纠正。将前鼻梁画对称偏直线，如图 2-26。

图 2-26

8. 大小眼

大小眼又称雌雄眼，需加强主播小眼的化妆力度，鼻梁线宜画成不对称状（偏小眼处距离大），如图2-27。

图2-27

9. 单眼皮

单眼皮的人个性稳健，冷静而理智，慎密行事，不擅表达内心的感受，然而毅力坚强不易退缩，并努力追求自我设定的目标；单眼皮的主播可增加上眼线的宽度，或加贴双眼皮，以缓和冷静的外观感受，如图2-28。

图2-28

10. 宽双眼皮

宽双眼皮的主播很受粉丝喜欢，如太宽者，可压缩双眼皮的空间，调整颧腮两侧的硬度，使主播更趋理性，如图2-29。

图2-29

11. 眼角下垂

眼角下垂的人具有良好的观察力，行事温和，态度稳健，如做主播，需在眉毛上下工夫，画成一字眉（眉尾上翘）或剑眉，弥补低垂老成之感，如图2-30。

图2-30

12. 眼角上扬

眼尾上扬者，脑子精明灵活，处事爽快明朗，能够即时发挥自己的优点。如要修饰，需平顺画好外眼角，如图2-31。

图2-31

13. 眼睛细小

眼睛细小的人，感情丰富，极具异性缘和个人魅力，但如果眼睛太细小，作为主播不太合适，需在上眼帘作如图处理，如图2-32。

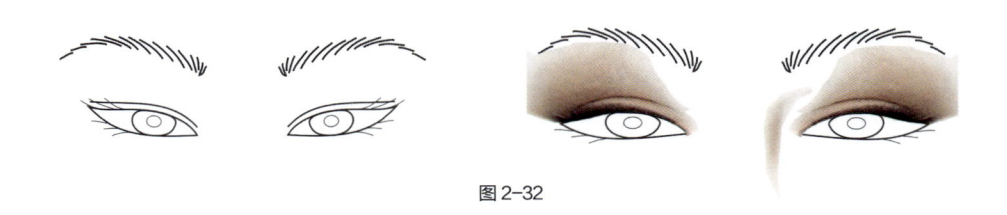

图2-32

14. 双眼靠得太远

要使眼睛间的距离缩短，可以在内眼角涂一些深色的眼影，扫向鼻子的方向。眼线可以画得略微超出内眼角，用眉笔勾勒眉毛时注意拉近两眉的距离，如图2-33。

图2-33

15. 双眼靠得太近

要使眼睛看起来分开一些，可以在内眼角和眼睑上涂一些浅色的眼影，眼线向外延伸，宜在眉头处拔去一些眉毛，用眉笔延长眉梢，如图2-34。

图2-34

16. 眼睛下垂

眼睛下垂者，可用深色的眼影来弱化眉峰，眼线由内而外向上微微倾斜。眉毛要修整，在拔去杂毛的同时，用眉笔修饰时注意向上提升，将鼻子两侧的阴影往印堂上靠移，如图2-35。

图 2-35

17. 眼睛圆而微突

可以用深色眼影由内而外涂在眼睑上，这样可以使眼睛看起来不那么突兀。眼睛用深色的眼线笔勾勒，特别是在上睫毛的根部。眉毛要画得饱满一些，如图2-36。

图 2-36

18. 眼睛深陷

眼睑上扫一层浅色的眼影，使眼睛显得大一些，与此同时，用深色的眼影来弱化眉峰。上眼睑可以采用非常细的眼线，而下眼睑的眼线可以强化一点，甚至可以扫一些眼影。眉毛相对要画得细些，如图2-37。

图 2-37

（五）鼻子美妆修饰画法

鼻子是整个面部层次最高的部位，挺拔的鼻子会让脸型更具立体感。鼻子与整个面部比例息息相关。人的面部从纵向来说平均分成三等份，理想中的鼻子长度应占整个面部长度的三分之一，漂亮的鼻梁应该是挺拔且宽窄适中的，鼻在内眼角与嘴角之间，鼻尖浑圆是理想的鼻子。不太理想的鼻子可以通过化妆来改善，可通过阴影色和亮色这样的明暗度来改变视觉效果（下图展示的是鼻子修饰操作的具体位置，与模特的鼻子造型无关）。

1. 鹰钩鼻

这类鼻子看起来给人以阴狠、冷酷、有距离感。特点是鼻根较高，鼻尖过长、下垂内缩，面部表情及运动时下垂更明显，鼻隔向后，鹰钩鼻往往伴有驼峰鼻畸形，如图 2-38。

修饰方法： 用阴影色收敛鼻根两侧，用亮色涂鼻梁上端较窄处和凹陷处，鼻尖的颜色可以选择深一点的，但不要深于阴影色。

图 2-38

2. 翘鼻

这种鼻子看起来不太雅观。表现为鼻尖比鼻根更翘，鼻孔可见度比一般鼻子大，如图 2-39。

修饰方法： 在鼻根中部用亮色，鼻根两侧用阴影色，再用阴影色收敛鼻隔，但不宜太过明显。

图 2-39

3. 尖形鼻

这种类型的鼻子看起来比较小气。形态表现为鼻梁较窄，鼻尖小，鼻翼窄而贴于鼻尖，鼻形瘦长，如图 2-40。

修饰方法： 应以亮色为主，尽量不用阴影色，在鼻尖和鼻翼均匀加亮色，使鼻头宽大，鼻孔也较大。

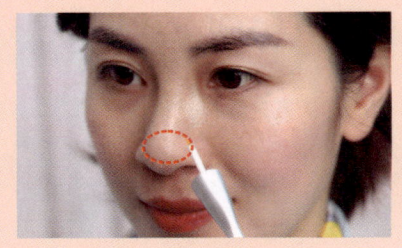

图 2-40

4. 塌鼻子

这种鼻型给人感觉面部缺乏立体感，有种呆板的感觉。形态表现为面部扁平，鼻根鼻骨处缺乏凸起感，鼻梁扁平，甚至有些比眼睛更低，如图 2-41。

修饰方法： 在鼻梁侧涂上阴影色，内眼角眼窝处加深，上与眉毛接起来，两边与眼影混合，在两眉之间的鼻梁上涂亮色，过度宜自然，在视觉呈现立体感。

图 2-41

5. 宽鼻子

鼻梁较宽，鼻侧多肉，鼻翼较大，使整个鼻子看起来显得过于宽大，如图 2-42。

修饰方法： 用明色涂鼻头，用暗色涂鼻梁和鼻翼两侧，使鼻头显得纤巧些。

图 2-42

6. 短鼻

一般来说鼻子长度短于面部三分之一就是鼻梁短小，这样显得面部又挤又窄，如图 2-43。

修饰方法： 用阴影色晕染鼻翼两侧，面积稍宽，用亮色涂鼻梁，亮色在晕染的过程中要大、长些，但鼻梁亮色不宜太明显，这样反而会失真，另外画眉毛时可适当高挑些。

图 2-43

7. 长鼻

一般来说鼻子长度大于面部的三分之一就属于长鼻，视觉上会觉得脸很长，如图 2-44。

修饰方法： 鼻翼，鼻尖部分可用阴影色修短，用亮色加宽鼻梁，以内眼角旁鼻梁侧晕染影色向下至三分之一处，要注意的是鼻影的颜色比眼影稍微淡一些，不要延伸至鼻翼。

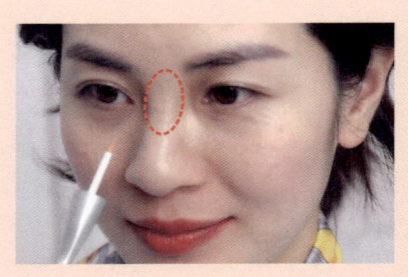

图 2-44

8. 鼻梁歪斜

鼻根部离两个眼的距离不相同，一边离眼近一边远，如图 2-45。

修饰方法： 在离眼近的一边，鼻影色向上晕染至眉头，涂的面积要窄，在离眼远的一边，鼻影色应在鼻梁下侧，眼角方向晕染，涂的面积要宽，晕染亮色应该在离眼睛远的鼻梁上晕染。

图 2-45

注意事项

鼻子的修饰要根据妆容的场合来定，如果只是日常的化妆，建议不要做过多的修饰，讲究的是自然。

（六）嘴唇美妆修饰画法

拥有标准的唇型不仅可以让五官协调，还可以使整个人看起来更加性感迷人。对于不完美的唇型，可以借助其他工具来修饰，比如唇笔或粉底遮瑕。

通常看一个人五官好不好看，需要观察整张脸和五官，即使单独的某一部位不怎么理想，但只要五官搭配舒适，整体看起来美观，就是完美的。大部分的唇型都可以归为以下几种：

1. 标准唇型

嘴巴的轮廓比较清晰，下唇微厚，大概上下唇厚度比例是 1：3 ~ 1：5。嘴角微微上翘，整个嘴唇显得有立体感。这样的唇型是不需过多修饰的，因为上下比例较均匀，是很多女性都追求的唇型，但是在生活中却很少有人拥有。

2. 厚嘴唇

上下唇比较厚，唇峰较高。如果嘴唇的厚度超过一定范围之外，会给人向外翻的感觉，并且影响美观。厚唇一直是性感的象征，但是并不是所有的人都适合厚唇。如果嘴唇的厚度与自己的五官不协调的话，可以借助化妆品来修饰。先用遮瑕膏遮住唇线，然后选择最接近唇色的唇线笔画唇线，要画在原有的嘴唇轮廓以内，涂抹口红时使用唇刷从嘴角往中间开始涂，嘴角两边要加深颜色，这样在视觉上会缩小唇部。嘴巴较厚的主播化咬唇妆是不错的选择（图2-46）。

图 2-46

3. 薄嘴唇

薄嘴唇很小巧玲珑，俗称"樱桃小嘴"。如果嘴巴长得好会是非常漂亮的樱桃小嘴，但是如果长得不好，就会非常不协调。对于这类唇型，唇妆技巧是先用唇线笔对嘴唇的轮廓进行扩展，让上唇的唇峰更加圆润，为了使整个唇型丰润饱满，先使下唇增厚，接着涂上偏暖色系的唇膏，或用唇彩，让唇彩丰盈双唇，也可以用遮瑕膏或是粉底液遮住唇线，再用唇线笔往外稍微化厚1cm左右，这个视具体情况决定，也可以通过手术获得理想的嘴唇（图2-47）。

图 2-47

4. 嘴角微上翘唇型

这种唇型在放松无表情的情况下也会给人一种微笑的感觉，因此拥有这种唇型的女性非常适合做主播（图2-48）。

图 2-48

5. 嘴角下垂型

这种唇型在没有任何表情的情况下，嘴唇是下垂的状态，或是嘴巴在放松的状态下看起来都是不开心的样子。这种唇型在涂口红的时候，可以用遮瑕膏涂在嘴唇的周围，用唇线笔画出线条，让嘴角微微上翘（图2-49）。

6. 大嘴的唇型

由于嘴唇过大会给人笨拙的感觉，让五官显得不协调。对于这类唇型，唇妆技巧是先使用遮瑕霜把嘴唇的边缘和唇表面做遮盖，并且使用蜜粉固定唇型，在对唇线进行描画的时候，要把嘴唇整体的轮廓向内收缩，让双唇变薄、变窄（图2-50）。

7. 小嘴的唇型

小嘴唇型需要把双唇的轮廓线向外延伸，增大唇型，在唇膏颜色方面选浅色系或者是亮光的唇膏，增加唇部的立体感（图2-51）。

8. 突嘴的唇型

由于嘴唇的突出，会让主播唇部跟脸部感觉不和谐，对于这类唇型，技巧是先借助唇线笔，画出让嘴角向外延伸的唇线，嘴唇中间部分的上下轮廓线要尽量画直一点。在选择唇膏的颜色时，最好选择冷色系，这样能够在视觉上起到一定的收缩唇型的作用（图2-52）。

图 2-49

图 2-50

图 2-51

图 2-52

第三章 直播导购销售

优秀的直播导购不但要充分了解消费者群体的购买行为和消费心理，以及诸多习惯等，还需根据不同消费者的问答，细心回答消费者的诸多内心需求，这将有助于从宏观到微观、多角度把握消费者的行为规律，促成线上成交。

一、顾客（粉丝）购买行为解析

研究好直播购物中的顾客购买行为，会减少直播过程中高达 40% 的退货行为。

（一）顾客（粉丝）购买动机

（1）求廉的购买动机：注重价格低廉，希望少支出、多获利的购买动机。

（2）冲动性购买动机：被误导，如直播网红鼓动后产生的购买动机。

（3）追明星购买动机：对明星穿着打扮的盲目追求的购买动机。

（4）求新的购买动机：追求商品的新颖、奇特、时髦的购买动机。

（5）求名的购买动机：因仰慕某品牌或名望的购买动机。

（6）摆阔的购买动机：为显示自己身份、地位、威望及财富的购买动机。

（7）攀比的购买动机：因好胜心、与他人攀比不甘落后的购买动机。

（8）嗜好的购买动机：以满足个人特殊偏好为目的的购买动机。

（9）习惯性购买动机：对某商店或品牌特殊偏好，习惯购买同一品牌的购买动机。

（10）求实的购买动机：追求商品的使用价值为主要目的的购买动机。

（11）补偿性购买动机：购买商品是为了补偿以前被压抑心理的购买动机。

（12）发泄性购买动机：通过购买商品来发泄心中的不满情绪的购买动机。

（13）跟流行的购买动机：热衷追逐市面上流行商品的购买动机。

（二）顾客（粉丝）性格与购买行为

从消费态度的角度分析，顾客的性格与购买行为可以分为冲动型、节俭型、保守型、顺应型和自由型等多种形态。研究这些购物人的性格行为，会为减少退货提供一些有价值的参考依据。

1. 冲动型

在直播购物的过程中，冲动型的购物行为会比较普遍，顾客（粉丝）会因为直播现场的氛围以及对主播的个人喜好，产生强烈的购物冲动，购买不需要的产品，但这种购物冲动会导致大量的退货。

2. 节俭型

在消费观念和态度上崇尚节俭，讲究实用。在选购商品过程中较为注重商品的质量、性能、实用性，以物美价廉作为选择标准，而不在意商品的外观造型、色彩、包装装饰、品牌及消费时尚，不喜欢过分奢华、高档昂贵、无实用价值的商品。这种购物行为较为理智，较少产生退货行为。

3. 保守型

在消费态度上较为严谨，生活方式刻板，性格内向，怀旧心理较重，习惯于传统的消费方式，对新产品、新观念持怀疑、抵制态度，选购商品时，喜欢购买传统的和有过多次使用经验的商品，而不愿冒险尝试新产品（这种购物行为较为理智，较少产生退货行为）。

4. 顺应型

在消费态度上比较随意，没有长久稳定的看法，在选购商品方面表现出较大的随意性，且选择商品的标准也往往多样化，经常根据实际需要和商品种类不同，采取不同的选择标准和要求，同时受外界环境及广告宣传的影响较大，这种购物行为会产生一定的退货。

5. 自由型

一般有较高的经济收入，购买能力较强，选购商品的品种和花色较多，比较注意商品的外观，与主播对话接触时态度较好，能接受主播的推荐和介绍，但不会依赖营销人员的意见和建议，一般有较好的购买技巧。这种购物行为一般不会产生退货。

6. 习惯型

在购买商品时习惯参照以往的购买和使用经验，一旦他们对某种品牌的商品熟悉并产生偏爱后，便会经常重复购买，形成惠顾型购买行为。这种行为的顾客一般多是铁杆粉丝，较少产生退货行为。

7. 慎重型

在性格上大都沉稳、持重，做事冷静、客观，情绪不外露。选购商品时，通常根据自己的实际需要并参照以往的购买经验，进行仔细慎重地比较权衡，然后作出购买决定。这种理智型的购物行为，一旦成为习惯，就能成为主播真正的粉丝，较少产生退货行为。

8. 挑剔型

性格特征表现为意志坚定，独立性强，不依赖他人。在选购商品时强调主观意愿，自信果断，很少征询或听从他人意见，观察商品细致深入，有时甚至过于挑剔。这种购物行为多半会产生退货。

9. 被动型

在性格特征上比较消极、被动、内向。在选购过程中往往犹豫不决，缺乏自信和主见，对商品的品牌、款式等没有固定的偏好，希望得到别人的意见和建议。这种性格的顾客其购物行为只要主播讲解透彻，多半不会产生退货。

10. 时尚型

这种消费者或者是赶时髦的"时尚领袖"，或者是在消费者中有一定地位和威望的有影响的人物。他们的意向和行为倾向往往成为其他消费者的表率。对于这种性格的购物行为，主播只要推荐流行的产品，退货率就会降低。

二、直播商品销售的策略及方法

（一）商品性能要点介绍

详尽、顾问式地向顾客倾情介绍商品的优良性能，将会对顾客的心理产生强大的影响，甚至可以左右顾客对产品的认识和感受，从而有效地展示其特性，增加商品的附加价值和心理功效。

（1）识别功能：设计精良、富于美感、独具特色的商品会吸引消费者的注意并留下深刻印象。

（2）便利功能：商品便利的实用功能，会延长商品的使用寿命，便于消费者使用。

（3）美丽功能：美丽、时尚并流行的商品会有效地使进消费者的购买欲望。

（4）搭配功能：商品的多样化系列搭配，能使消费者产生丰富和美好的联想，从而加深对商品的好感。

（二）商品描述要素

直播的商品要展示全面，如衣服需要展示穿着效果、前后款式，以及商品的细节、设计风格、设计细节、面料等。同时对商品的产地、尺寸、面料、规格、颜色、质地等与产品相关的属性都需进行仔细描述。

（1）利用类比阐述产品：阐述产品特点，突出与以前产品或同类产品相比的优点，但切记不能诋毁同类产品。比如，"我们现在的商品与以前商品的不同点，是以某功能为主，能达到某种效果。"

（2）生动展示，突出品牌：将产品最为生动的一面展示给消费者。如"国家免检标志""中国名牌标志"等相关权威认证画面和文字。

（3）阶段询问引导互动：适时地用3~5句话与消费者产生问答互动，关键信息给予"是否"式问答，有消费者说出给予肯定回应。例如，"某某效果适合某某场合，您说是吧？"

（4）引导消费者关注问题由消费者自己解答：同上，对于消费者关注的问题，以问答式或"是否"式问题，由消费者自己得出结论。

（5）向粉丝介绍商品的使用心得：向顾客介绍商品的使用方法以及使用的感受等，如护肤品需要告诉顾客怎么使用，使用时的注意事项，使用后的效果，主播对这个产品的使用心得，还可以推荐本店的其他产品等。专业的主播不仅推荐一款，还会通过使用效果以及搭配方式，推荐更多其他的款式。

（三）商品导购方法

主播针对顾客的购买动机，还可运用各种手段和方法，向顾客提供商品信息资料，对商品进行说明，使顾客购买动机得到强化，对该商品产生喜欢的倾向，进而产生购买行为。导购的方法有证明性导购、建议性导购和转化性导购。

（1）证明性导购包括实证导购、证据导购和论证导购三种。

（2）建议性导购是在一次导购成功后，乘机向消费者提出购买建议，达到扩大销售的目的。

（3）转化性导购是营销人员在进行证明性导购或建议性导购的时候，可能会与消费者产生一些不同的见解，为了不使买卖陷入僵局，这时可通过转化性导购来缓和气氛，重新引起消费者的兴趣。

（四）商品销售话术举例（服装案例）

1. * 号宝贝试下？

分析：提出试穿要求说明粉丝对该宝贝至少产生了兴趣，需耐心讲解。

话术：****(粉丝 ID) 小姐姐，先按上方红色按钮关注主播，**(主播名字) 马上给你试穿哦！

2. 主播多高？多重？

分析：粉丝没有看背后信息牌的习惯。

话术：主播身高 **，体重 **，穿 * 码，小姐姐也可以看下我身后的信息牌哦，有什么想看的衣服也可以留言，记得关注主播哈！

3. 身高 ** 能穿吗？体重 ** 能穿吗？

分析：直播中经常会出现这样的问题，需要耐心引导解答。

话术：小姐姐要报具体的体重和身高哦，这样 **(主播名字) 才可以给你合理的建议哦！

4. 主播怎么不理人？不回答我的问题？

分析：出现这样的情况，安抚粉丝情绪很重要，否则会永远失去这个粉丝。

话术：**(粉丝 ID) 小姐姐，没有不理哦，如果我没有看到你可以多刷几遍问题哈，不要生气、不要生气！

5. ** 号多少钱？这个宝贝怎么优惠？

分析：这样的粉丝比较懒，但已经表现出购买意愿，需要耐心解答。

话术：** 号宝贝可以找客服报主播名字领取 * 元优惠券哦，优惠下来一共是 ** 元，屏幕左右滑动也可以看到各个宝贝的优惠信息，喜欢这件衣服的赶快下单哦！

6. 主播几岁了？

分析：粉丝完全出于好奇心，但主播也要保持一定的神秘感和隐私，遇到不想回答或者不好回答的问题可以采取风趣的回答方法。

话术：小姐姐可以猜猜看，猜对了给你糖吃哦！

7. * 号跟 * 号比，哪个更好？

分析：你应该明确告诉这个粉丝，哪个宝贝适合怎么样的人，然后问这个粉丝她本身是怎么样的，最后明确告诉她选择哪个。

话术：* 号宝贝适合 **(什么样) 的人，另一个宝贝适合 ***(什么样) 的人，小姐姐你可以告诉我你是属于哪种类型的。

8. 主播身上的衣服是几号？

分析：这样的粉丝是比较粗心的，但还是需要保持耐心。

话术：**(主播名字) 身上穿的是 * 号，每件衣服都会有对应的号码牌哦，屏幕左右滑动可以看到对应的优惠信息，下次一定要记住哦！

9. *** 产品有吗？(如：连衣裙有吗？)

分析：这样的粉丝比较懒，需要多耐心引导。

话术：小姐姐可以点开左下角的购物袋，* 号和 * 号都是连衣裙，小姐姐看中哪件都可以告诉我，**(主播名字) 给你穿上展示上身效果！

10. 有秒杀吗？有抽奖吗？

分析： 这样的粉丝一般喜欢贪小便宜，但这样的粉丝也是直播间的常客。

话术： 小姐姐，今天我们的 * 号宝贝 ** 产品在 * 点有秒杀哦，优惠 ** 元，优惠力度超级大，记得到时候过来秒杀哈！先关注主播哦，我们每天都会有福利的（对于暂时没有抽奖的，可直接告诉抽奖的方式和时间）。

11. 怎么购买？怎么领取淘宝直播优惠券？

分析： 粉丝已经准备购买了，所以一定要亲自演示怎么操作。

话术： 这个小姐姐，你跟着我一起操作哈，先……再……！

（五）商品优惠政策讲解

1. 活动优惠政策

注重突出此次活动的优惠政策，并强调活动优惠期限或数量，强化购买欲望。

2. 比照促销前产品自然条件

比照同类产品自然条件（规格、价格等）或相同产品前期情况，对促销优惠政策予以强化。

3. 核算节省的具体情况

突出本次优惠政策带来的节省费用、成本数字或赠品等的价格，告知节省的最大化数字。

4. 按计量单位核算使用成本

对于直播中关注价格为主的消费者，按使用期限等计量单位核算成本，最小化价格因素影响。

（六）商品下单成交促购

（1）聆听消费者的选购暗语：注意消费者的网上提问，通过打字速度、语气等察觉消费者的关注要点和决定购买契机。

（2）区分消费者的类型：区分"实惠型""犹豫型""自主型"等众多类型的消费者，并采取相应的策略促使其购买。

（3）适时抛出购买请求：选择出现的消费者购买征兆，抛出请求其购买要求，促成消费者购买行为的发生。

（4）利用语言技巧化解消费者的疑虑：利用"数量选择式"问题促成消费者选购决定，并避免"是否式"问题造成消费者放弃。例如，"您看您既然这么了解 ** 产品，那您看您是买一件还是两件呢？"

（5）适度施加购买量的压力：对于"犹豫型"和"浏览型"消费者，不应放弃，适度增加其购买压力。例如，"您看您看了这么长时间，一看就是个行家，这么好的产品您是不是都觉得必须买一件了，也算帮我一个忙啊。"

（七）制造再次购买语言

（1）感谢选购：表示感谢粉丝选购产品，希望使用后多提使用意见和建议，同时感谢其对主播促销的工作提出建议和意见，拉近关系。

（2）制造下次购买机会：感谢后提出如果使用好或感觉不错，欢迎下次再来直播间选购商品。

（3）制造扩展购买机会：使用后感觉不错提出帮助宣传一下，推荐给亲戚朋友等。

以上三种促成今后复购的语言，是对主播导购行为进行阶段的步骤分解，在实际运用中应灵活运用，对关键点的讲述进行训练，应通过主播导购培训形式进行即时总结归纳，使每个主播领悟关键点的重要性，应用量化管理来规范主播导购的执行能力和把控能力。

三、直播商品销售的人、货、场

（一）直播的人、货、场

人，即主播和粉丝。好的主播有这几方面优势：外表形象俱佳（是否符合品牌调性）、能说会道。一个主播每天直播至少3小时，如果她没有一定的语言组织能力，直播的时候可能会出现语塞。主播要有较强的逻辑思维能力和语言组织能力，才能吸引粉丝看得下去、听得下去，才能把主播的在线时长延长。

1. 新主播做流量

（1）由于新主播公域展示少，就要想方设法从品牌自己的粉丝入手，通过不同运营的手段提升直播的各个指标，提升整体直播的数据。

（2）提升各个指标数据之后，才能够拿到更多公域的流量。

（3）有了公域流量，就要开始注重对新粉的吸引。

2. 老主播做爆款

（1）整合渠道流量：首先在直播行业取得一些销售的排名，扩大淘宝直播的粉丝，以及加深粉丝黏性，去获取更多渠道的流量。

（2）预热的蓄水池：围绕某款衣服在淘宝直播间以及店铺首页、私域、微淘和个人号等地方集群去做预热的蓄水池，通过这样的渠道把活动预热给顾客，吸引粉丝到直播间，从中带出某月某日超级内购会的活动，然后引流到直播间，让这些粉丝跟主播产生互动，进一步加深粉丝对超级内购会的印象。当活动推向高潮时，进而推出爆款。

3. 货——速度与流量

直播间的货品结构要注重两点：第一是上新的速度，第二是流量的来源，在流量基础上如何调整货品结构是关键。做到这两点，货品转化率会提升。还需注意连带率，服装品类可以通过多种方式优化，最科学的是通过数据分析。店铺的畅销款可以与新品或者平销款搭配，再看整体的数据情况，是否提升来连带率。建议主播做搭配推荐时要多看数据，以数据为依据进行提升是比较有效的。注意货品结构和连带率，在获得顾客信任方面，这个要素是直播中权重最大的。货品结构优化的好坏，能够决定销量的好坏。现在看很多店铺做直播，这一方面其实不是很重视，还有很多店铺一个产品播了很多天。注重货品（产品）为核心的互动，要注意以下几点：

（1）设计关键话题：粉丝想参与答题，就必须去看这款宝贝，点击这一款宝贝进入详情页，它的流量自然就得到了提升。这种做法可以增加顾客对产品的认知度，从而达到"种草"的目的，还可以增强粉丝对产品的新鲜感，有效拉长粉丝的在线时长，与主播产生更多的互动。此外，在做活动的时候，官方会有一些资源，这些资源以获得新客户为主要目的。在文案上，需要有比较吸引眼球的包装，以提升直播间的点击率，获得更多新客的流量。

（2）注重现场氛围：把重要福利与活动款放在直播间左右两边展现，这样顾客可以快速看懂活动信息，特别是在做秒杀活动的时候，增加动画效果，可以制造出紧张的氛围，大大提升直播的转化率。

（3）活动策划段落：可以以小时为单位，让粉丝有效地进行回访，每一个小时都能实现爆发，特别是在打榜的时候，可以通过这些亮点，还有营销的一些手段去冲榜。同时也可以将整个活动做成一个流程，做成集合页的形式在直播里做展示，让粉丝充分了解活动规则，同时有效提升粉丝的在线时长。

4. 场——特色与氛围

第一是现场装修与特色，第二是活动氛围。很多商家很不注重"场"这一块，店铺首页详情页都做得很好看，做直播却不堪入目。"场"的最核心是灯光。灯光就是直播的灵魂（参见第一章）。特色直播间就是品牌的门面，要根据自己品牌的特色进行装修，这样产品违和度不会太高，粉丝第一次接触直播时接受程度会大大提升。

（二）主播选择与合作

想要做好直播，就需要抓住直播的核心——主播，主播不仅要能够给人真实和信任的感觉，而且要具有很强的号召力、互动性，有一定的社群粉丝，以拉动品牌的粉丝经济。所以，这个主播必须能带节奏，能攻心，能让人信任。主播的选择关系到商品的销售业绩，而直播依靠的是强互动性，并且这种互动是即时性的，所以，选谁做直播很重要，可以根据商家自身所处的行业领域、品牌定位、客群资源特点以及现有的运营成本等来综合考虑。

1. 普通主播

（1）了解主播：首先要了解主播的情况，如她的讲解能力、产品词、观看人数、粉丝活跃度等。最重要的是商品，这个主播对于你的产品没有带货优势的话，还是建议选择其他更适合你产品的主播。举个简单的例子，比如某个主播主打的是比较低价的产品，但是你的产品定位是中高端的，那即使与她合作了，也很难有转化。

（2）主播与产品定位的契合度：所选择的主播其气质形象及擅长的领域应与品牌定位相契合。因此建议找比较符合产品定位的主播，并针对客群分层培养固定的主播群。因为个人 IP 是用户观看直播的主要驱动因素，让每个主播都成为所在客群中的意见领袖。必须要以引流的目的去做，培养至少日销 1 万元以上的主播，这样才能把淘宝粉丝人群扩大。其实有很多中小主播都很优秀，不要一味地看头部大主播（日销量 10 万元以下为小主播，10～50 万元为腰部主播，50 万元以上为头部主播，大主播为百万元以上），关键是合作后要去做数据跟踪。

2. 网红主播

高颜值强互动，网红本身除了高颜值外，还需具有一定的活跃特质。不仅要经常与粉丝群体分享生活，给粉丝真实朋友的感觉，并且，通过了解大多数粉丝的日常、给粉丝送生日礼物等方式保持与粉丝的双向强互动，从而带动直播过程中与粉丝的互动，进而提升群体粉丝的黏性，带来广阔的市场空间和变现渠道。

优点： 网红自带导流光环，在直播中善于营造气氛，调动氛围，本身就具备营销宣传点。

缺点： 网红的费用较高，且大部分网红对商品缺乏深入的了解，再者，在面对千人千面顾客的时候，网红主播难以拿捏顾客的喜好和诉求点。

优化方案： 直播前做足准备工作，全方位掌握产品细节和了解顾客的购物需求点，或者搭配一名导购员，实现网红＋导购营销模式的双轮驱动。

3. 达人主播

资深专业的达人，大多数人对她们都是绝对的崇敬和信任。领域达人覆盖范围非常广泛，可以是美食、潮流穿搭、健康养生、农业养殖等任意领域里的达人。

优点： 由于达人具有一定的专业权威性，消费者对其信任度高，容易吸引粉丝而促成购买；直播内容质量较高，后期可反复点播利用；知识型直播，受众面较广。

缺点： 邀请达人成本较高，且为单纯的干货输出，容易陷入单方讲解，直播现场不够活跃，这些是挑选主播时需要考虑的。

优化方案： 直播过程中多注意与观众互动，或是配备一个副手关注观众的发言进行协调互动。

为了更好地契合直播时间、准确输出直播内容，建议培养导购做主播。如此，既可激发导购的主动性，提升业绩转化，又可节省成本；也可根据需要采用网红主播，但需参考过往直播效果，以及个人直播、微博、微信粉丝数，便于引流。同时，有主持经验的女性网红更具吸引力。直播时间建议集中在晚上 6 点至 10 点。

（三）如何避免高退货率

商业直播最麻烦的就是买家退货，退货会导致利润受损，可以采取以下 10 种方法来降低退货率。

1. 取消免费退货政策

越来越多的卖家提供了免费退货这项服务。原因很简单，免费退货不仅可以减少购物过程中的摩擦，还可以提高转化率。当买家得知商品可以免费退货时，通常更容易决定购买商品。免费退货的缺点是，许多买家借免费退货之便随意退货。

反之，想要降低退货率最有效的方法是取消免费退货。然而取消免费退货是有风险的，可能会导致销售量降低，卖家可以通过降低价格和提升顾客体验来提高竞争力。

2. 通过经济手段鼓励顾客保留商品

可以通过经济手段鼓励顾客保留商品，有很多种方式可以激励顾客。例如：顾客在直播间购买了一款产品，卖家给顾客提供了免费退货，但是如果顾客没有退货，该产品就打 7.5 折。

3. 针对不同的顾客群体采用不同的退款政策

针对不同的顾客，提供不同的退款方式。例如：普通顾客在 15 天时间内免费退还商品，VIP 会员和超级会员可以享受到 30～45 天的免费退货时间。

4. 不退货退款政策

减少退货率的一种方法是让顾客保留退货商品。让顾客以商品损坏为理由来申请退款，这是一种不错的解决方法。通常来说，这种方法适用于退货运费超过商品本身价格的低价商品。采取这种方法需要有合适的控制欺诈措施，因为有些顾客很可能利用这种方法来寻求免单。

5. 详细的产品参数和良好的用户体验

详细的产品参数和良好的用户体验是减少退货率的关键。在详情页面上提供具体的产品细节和产品参数，例如高分辨率的照片、视频和增强现实（AR）等交互式可视化工具，可以帮助顾客做出更好的决定。这种方法对某些产品尤其有效，如服装类。卖家会提供详细的尺码信息，确保顾客在购买之前能选择合适的尺码。虽然产品参数和良好的顾客体验并不能完全避免退货，但是可以起到一定的预防作用。

6. 到线下店内退货（无线下店不用）

一般来说，退货最大的难题是运输成本过高，调查发现，同时提供快递退货和店内退货，超过一半的人会选择店内退货。店内退货对有实体店的电商来说是一个不错的选择。为了给顾客提供店内退货，那些没有实体店的电商已经和实体店联合起来了。

直播间退货成为电商不得不面对的一个问题。但通过适当的退货政策，不论是通过经济手段鼓励顾客保留商品，还是提供更好的用户体验，运营人员都能确保不会自毁招牌。

7. 产品详细说明书

当顾客收到产品后，发现与自己想要的功能不同，这种情况下，需要升级详情页面，将商品功能进行说明。这样顾客在购买前已经清晰知晓产品的使用方法，退货也就相对减少了，同时包装要完好，不要出现破损。

8. 做好物流跟踪

有些顾客因为个人原因，急需产品，当发货后，顾客时间上来不及只能是选择拒收或者退货。因此在顾客购买前，就要告知大概的到货时间，针对急用的顾客，做好物流跟踪并及时告知。用短信加旺旺留言的形式，看到这么用心的服务，顾客也不好意思退货了，即便真的退货，也会给售后一个好评。

9. 顾客买错（功能不是自己想要的）

这种情况相对少见，但是对于一些技术性的商品，还是存在的。顾客因为不明白，所以会买错，导致退货。顾客如果不清楚产品，有些顾客会在订单中做备注，商家发货时会查看备注，发现产品与备注不符或者有问题的订单，可及时与顾客沟通，并更换正确的产品。

10. 对产品期待超过其真正的价值

卖家为了将产品销售出去，将产品功能夸大，让顾客对产品的质量、功能使用等产生了高于产品本身的期望，当收到货品后，发现并非是顾客想要的，自然就会退货了。要实事求是介绍产品的卖点，不宜夸大其词。客服每个月都需要整理出退货的订单及每单退货的真实原因，每月总结上个月的退货情况，找出问题，逐一解决，才可以减少退货。

（四）直播导购的要领操作

1. 初始定位直播

做好顾客定位非常重要，这就和投流量需要精准流量一样，做直播也希望能够获取一批有价值的粉丝。因此直播前就要确定好目标对象，了解他们的生活方式，甚至是一些流行语等，包括一些容易引起共鸣的话题点。一天直播几小时，不光是脑力活，更是体力活，所以要尽量结合主播本身的属性去进行策划，不然很耗精力，也很难做好。

2. 如何获得观看数

确定好自己的目标人群和定位之后，最重要的一点就是要获取足够多的粉丝。在此之前，需要让足够多的人能看到我们的直播，那么这种曝光怎么获得呢？目前主要是在平台上靠直播主图和标题吸引人，或者在一些大的时间节点比如节日、"双 11"等蹭热点，因为这些公共性话题可以让所有人都能很好地交流。

3. 导购直播脚本

直播脚本是相当重要的，一场直播就像一场电影，直播内容设置需要结合直播粉丝需求出发。一般有以下几种：

（1）单纯地增加粉丝关注度；

（2）建立舆论导向，为受众提供独特的视角和深度；

（3）根据直播的目的进行海报、软文的设计，并且多渠道宣传；

（4）直播中要反复明确自己直播的目的。

4. 直播间人员配置

初级直播需要必备一名控场型主播，职责集主持人、串场互动于一身。进阶版直播则需另外配置一名主播助理（引导下单）或专业型主播。

四、主播要点把握

（一）顾客（粉丝）的分类

1. 高兴趣顾客

对直播产品有强烈的购买欲望，且有非常高的互动性。最终因为各种原因未下单，可进行更深入的资料收集与分析。

2. 可挖掘顾客

（1）体验式顾客：在收到货之后满意，可进一步收集资料。

（2）高互动顾客：售前高互动顾客并成功下单，可配合售后回访进行下一步资料收集。

（3）需建模顾客：将收集到的顾客资料分类，然后进行深化匹配，建立兴趣点模型。

（4）圈养型顾客：一般把回头客称为圈养型顾客。有过两次交易以上的顾客都会被放到这个里面来。这种顾客就需要通过"圈养"和沟通来完善客户标签资料。通过努力将这类顾客发展成为 VIP 顾客。

（5）VIP 顾客：这个 VIP 有别于店中所谓的会员顾客，会员顾客可能是在店中消费次数或者消费力方面有特别贡献而可以获得高折扣的顾客。直播中的 VIP 客户分类是独指从圈养型客户发展过来的老顾客，这个 VIP 必须是在直播中经常消费，并且消费习惯可控。比如有一种顾客，已然与你成了很好的朋友关系，店铺有上新他们就会参与购买，和你的互动性非常高，或者自己并不太参与购买，但经常会义务给你的商品做推荐，或带朋友来买。

（二）新主播如何培养粉丝

1. 学会控制直播间

首先要记得，在主场必须掌握主动权和控制权。很多新开播的直播应该都会有这样的经历：第一次直播，观众不足百人，因为毫无直播经验，一小时的直播时间里，几乎全程冷场。因此要学会控制你的直播间。除了回答问题，更需要提出问题，引导话题。因此要用专业的知识吸引粉丝来到直播间，如果能做到一个人就能嗨翻全场，干聊几小时不嫌累，各种与专业有关的话题游刃有余，并且性格开朗，那么一定会有顾客前来观看。

2. 颜值不是最重要的

长相一般的难道不能当主播吗？其实不然，长相一般的主播有时候甚至更成功。如果经常看直播，就会发现，大主播不一定都长得漂亮，情商高是关键。他们往往都非常善于与人沟通，不管认不认识，能聊就聊。

商业直播最重要的就是学会与粉丝互动，尽量聊粉丝关心的话题。多上百度搜索，学习更多的知识，只有把直播间的粉丝当成朋友来认真对待，真诚地回应他们提出的问题，主动了解他们关心的事物，包括分享生活中的趣事，对方自然而然就会经常来你的直播间。

（1）勤劳度：很多主播觉得自己做主播就是兼职，播一小时就可以了，其余时间坚决不能让直播影响自己的日常生活。可早起的鸟儿有虫吃的道理自古就有。你在睡觉、逛街、吃饭时也许有些勤劳的主播依旧在直播，有的主播一天播十几个小时，勤劳很关键。

（2）亲和力：漂亮的人千千万万，但是亲和力是关键，和蔼可亲必能吸引更多的粉丝。

3. 懂得回馈与感恩

很多主播觉得直播只是工作。但在这行业，粉丝即是我们"衣食父母"，适当的礼物回馈是拉近感情的最好办法。比如抱枕、杯子等，生日红包、情人节巧克力，这些送出去可能就几十块钱，但是在粉丝心目中却是相当珍贵的。

4. 提高主播人气

（1）选择"黄金档"：很多主播都以为，晚上 7 点至 11 点是直播的黄金时间，于是都在这个时间段盲目开播。确实，每晚的 7 点至 11 点都是直播的高峰期，会有大量的用户同时打开手机看直播。但相对的，同一时间，竞争的主播也最多。如果是新人，或者是发展中的小主播，应该如何去和那些已经成气候的大主播竞争？

建议： 避开高峰期，先选择非热门时间段进行直播（早上、下午、凌晨）。

（2）与粉丝分享：主播们要学会把自己的直播间分享出去。作为一个主播，除了尽可能地丰富自己的直播内容，让更多的人看见你的直播间也是成长的一个必要途径。因此，主播应该培养自己的分享习惯，在各个社交平台上发布直播链接，这样才能最大程度地吸收各方面的粉丝。同时也要发动自己的粉丝帮自己宣传、分享。为什么热门的主播，直播间总是比较热闹？因为他们除了有着丰富的直播经验，还拥有最棒的游客资源，他们的直播间其曝光度较高。

（3）调动粉丝的满足感：粉丝的热情升高的一个很重要原因是获得了满足感。除了主播对粉丝的感谢之外，其余粉丝的力捧会让购物的粉丝特别有成就感。而粉丝之间竞争购物也容易促进商品销售量的增长。要给足购物者的面子，偶尔用视频捕捉等方式，让他们出现在直播界面上，也让大买主受其他粉丝追捧。

（三）如何引导粉丝购物

1. 粉丝类型解析

（1）一般粉丝：虽然这类粉丝不太消费，但他们却是一批生力军。他们的存在有很多好处，如活跃直播间的气氛，刺激其他顾客消费，此类型粉丝多数关注的是怎么和主播多说几句话，让主播关注他们。所以对这类粉丝要多关心、多回答他们的问题，如此就能拥有一批忠心的粉丝。

（2）学生粉丝：在粉丝群中，学生人数很多，而且消费能力并不比一般粉丝差，大多来自富裕家庭，甚至可能是富二代。他们希望释放压力，同时青睐优惠力度大的商品，而且有时间看直播，所以主播想要俘获他们的芳心也很容易。

（3）上班族粉丝：这类型粉丝有一定的消费能力，每个月有固定的消费额，因此这类粉丝显得格外重要，数量越多越好。

（4）小老板粉丝：这类粉丝在大网站只占15%左右，数量并不是很多。

（5）阔绰型粉丝：这类型粉丝花钱比较大手笔。他们是直播间的中流砥柱，想要抓住这类型的粉丝就需要看你的运气和能力了。

（6）宝妈粉丝：宝妈是最有时间及能力的消费人群，是商业直播中最忠诚的粉丝。

2. 淘宝直播粉丝亲密度设置（淘宝经常更新规则，需时刻关注，以下仅供参考）

（1）粉丝亲密度：粉丝亲密度是粉丝和主播之间互动的频率指数，是积累和转化粉丝，提高互动数值的利器。粉丝进入单个主播直播间，进行一系列行为后积累淘宝直播间亲密度分值，达到一定积分值即可升级为不同的等级主播粉丝。

（2）亲密度加分规则：开通玩法后，目前默认有8项计分项目（每个项目单日只累计一次）。

① 每日任务：在后台确认开通玩法后，粉丝即可在直播间看到与当前主播的亲密度。入口会有提示粉丝通过完成【当日任务】来提升亲密度，点击入口在弹出的窗口上看到详细的亲密度说明以及详细的任务说明，每个任务完成后，粉丝会收到相应的亲密度分值变换提示。建议在直播过程中对粉丝进行适当引导。

② 互动权益设置：创建好直播间后，正式开播时在PC端中控台进行相应的玩法设置，可以针对粉丝等级进行设置，也可以单个用户行为作为权益领取条件。

③ 投放用户：选择铁粉、钻粉不同等级用户派发不同力度的权益，如铁粉才可以领取的红包。

④ 领取条件设置：选择【领取条件】可看到用户所有行为项目，根据行为项目设置不同福利策略。如观看5分钟才可以领取的优惠券。

3. 主播冷场把控（新、老主播不同的应对方案）

直播最怕空气突然凝固。几个小时下来，没有顾客，还怕突然卡壳忘词，面对尴尬有很多种化解方式。

（1）直播允许冷场

直播需要充分调动人的综合能力，包括情感、表情控制、沟通能力、应变能力、知识储备等。直播中的冷场也属于正常容错范围内的非技术性失误。当然，对自己有要求的主播，是不允许出现这种失误的，或者尽量避免这种非技术性的失误。

（2）怎么破解冷场

介绍讲完了，商品没有了，怎么办？这种情况就要考验主播随机应变的能力和情商了。

① 聊热门话题：没话（与商品有关）聊的时候，最好的方式就是聊大家最近都关注的某某明星的着装，这样每个人插一嘴，瞬间就能热闹起来。起一个话头，感兴趣的观众也会参与进来，再根据大家反馈的意见，你又会有新的想法。

② 聊段子：比如聊某个明星着装上的不协调等，这样容易引起粉丝的注意力，从而达到和粉丝的良性互动。平时多积累一些专业方面的段子，以备直播的时候使用。

③ 聊民生话题：冷场时可以多聊自己生活方面的一些小事，这样容易拉近你和粉丝的心理距离。比如最近刷淘宝看上了哪款包包和裙子，特别想买，与手中的这款服装如何搭配等。

（3）把球抛给观众

情急之下想不起来要聊些什么，可以直接问顾客喜欢什么款，最近都在关注哪些流行款，然后帮忙解释，尽量满足粉丝的需求。

第四章 直播数据运营

一、直播间基础运营分析

（一）用户分析

直播的成功不仅仅取决于主播，直播间数据分析也是直播运营成功的关键。如下为直播间的一款新产品，这是该产品四个月内的活跃数据（表4-1）。

表4-1

月份	1月	2月	3月	4月
活跃用户数/人	100	200	300	400

由于直播间产品专注的市场领域不同，活跃用户数也有所不同。比如小众的垂直领域产品和泛社交类产品，单纯看活跃用户数，很难界定结果的好坏。好的数据指标，都应该有前后数据方面的比对或比例。因此，我们设定一个新指标——活跃率，即某一时间段内活跃用户在总用户量中的占比。按照时间维度引申，有日活跃率（DAU）、周活跃率（WAU）、月活跃率（MAU）等。例如，月活跃率指本月活跃用户在月末截止时的总注册用户中的占比。

一般而言，活跃用户数看的是产品的市场体量；活跃率看的是产品的健康度。不同的产品，根据用户需求（高频或低频）不同，活跃率也各有差异。用户数据运营主要是监控活跃率的变化，并且不断地进行提升（表4-2）。

表4-2

指标	1月	2月	3月	4月
活跃用户数/人	100	200	300	400
注册用户数/人	100	250	400	600
周活跃率/%	100	80	75	66

如表4-3所示，活跃用户数上升的同时，活跃率却在下降，这对新产品来说很正常。虽然不能要求每一个用户都使用我们的产品，但是通过统计注册用户数，将两个月的数据相减就能统计出本月新增的用户数。

表 4-3

指标	1月	2月	3月	4月
活跃用户数/人	100	200	300	400
注册用户数/人	100	250	400	600
新增用户数/人	100	150	150	150
周活跃率/%	100	80	75	66

新注册的用户肯定是打开直播的用户，也一定是活跃的用户。所以，拿每月的注册总用户数减去新增用户数，计算老用户数，就可以将新、老用户的活跃率单独计算出来，如表 4-4 所示。

表 4-4

指标	1月	2月	3月	4月
注册总用户数/人	100	250	400	600
新用户/人	100	150	150	200
老用户/人	0	100	250	400
新用户活跃率/%	100	150	150	200
老用户活跃率/%	0	50	150	200
新增用户活跃率/%	100	100	100	100
老用户活跃率/%	0	50	60	50
周活跃率/%	100	80	75	66.7

指标拆分后发现，老用户的活跃率比预期低。实际在产品销售早期，随着渠道投入资源推广或一次成功的病毒营销后，由于新增用户数量暴涨，带动了活跃数的上升。当产品进入稳定期后，有了一定的用户规模，新增活跃用户一般对活跃数据就不会有大的影响了。以下是我们设计的几个场景，仅供参考。

1. 场景分析

（1）用户 A 通过其他引流方式进入直播间，发现商品符合宣传，马上成为超级粉丝；

（2）用户 B 进入直播间后，看了一段时间，发现这是自己想要的商品，爱不释手，成为粉丝用户；

（3）用户 C 进入直播间后，看了几眼就走了。待产品更新后，觉得不错，于是回来继续观看，逐渐成为活跃用户；

（4）用户 D 网上随意点进该直播间，用了产品觉得一般，吐槽几句并且退货；

（5）用户 E 无意中进入直播间，感到没意思，不说话马上离开；

以上各种类型的用户反应了不同群体的特征和想法。在整个产品的周期中，我们需定义更全面的指标。

2. 用户分析

（1）流失用户：有一段时间用户没有再打开我们的直播间，就被视为流失用户，根据其属性，可以按 10、30、60、90 天等划分。

（2）不活跃用户：有一段时间没有进入直播间，为了和流失用户区分开来，需要选择无交集的时间范围。比如流失用户是 60 天以上没有进入直播间，那么不活跃用户则是 0～60 天没进入。

（3）回流用户：有一段时间没进入，之后突然回来再次进入，这种称为回流用户。回流用户是活跃用户，且是由流失用户或不活跃用户转换回来的。

（4）活跃用户：每隔一段时间就会进入并购买商品。

（5）忠诚用户：也可以称为超级活跃用户，长期持续进入并购买商品，比如连续几周或者一个月内有 10 天等。

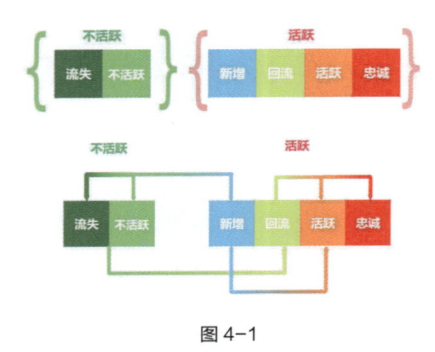

图 4-1

上文 ABCDE 的五位用户活跃路径如图 4-1 所示为：

A：新增—活跃—超级忠诚

B：新增—活跃—忠诚

C：新增—不活跃—回流—活跃—忠诚

D：新增—不活跃—流失

E：新增—不活跃—流失（无视）

回到前面直播间的数据，我们将分解后的新指标统计出来如表 4-5 所示，其中定义忠诚用户一个月内有 15 天活跃，流失用户为 2 个月没有进入直播间。

表 4-5

指标	1月	2月	3月	4月
注册总用户数/人	100	250	400	600
新增用户数/人	100	150	150	200
忠诚用户数/人	0	20	50	50
活跃用户数/人	0	30	80	100
回流用户数/人	0	0	20	50
活跃用户数/人	0	50	70	100
流失用户数/人	0	0	30	100

（以上数据以月末当天的统计为准）

由表可知，指标开始变得复杂了。产品有长期使用的忠实用户，也有流失用户。有用户回来继续使用，也有用户不怎么爱用产品。用户活跃度可以简化为一个最简单的公式：新增用户的数量大于流失用户的增加量。一款产品可能因为市场竞争、拉新乏力导致新增用户数下降，也可能因为产品改动，运营策略失误造成后续流失用户增加。将数据以图反映出来，如图4-2所示，其中活跃用户和不活跃用户可以拆分出来，周、季活跃度同理。

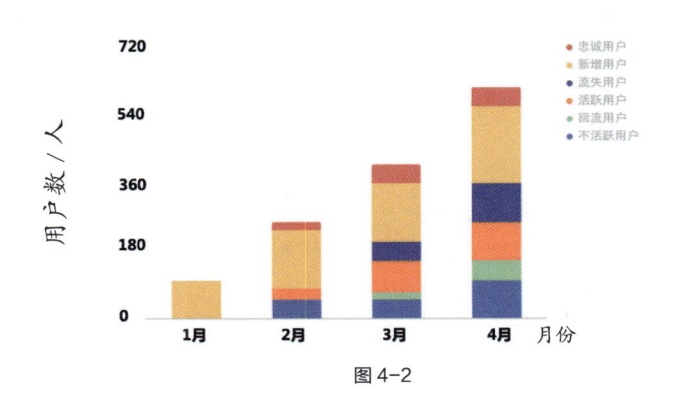

图 4-2

用户运营可以按照日、周、月维度制作为三张报表，监控活跃数据的变化（重点更多放在周报表上）。

一个好的用户运营必须思考：每天有多少活跃用户变得不活跃？有多少忠诚用户变得不活跃？又有多少流失用户被唤回来等，并且分析分别是什么原因引起的。为了更详细地监控活跃数据的变化，我们引入桑基（Sankey）图的概念（图4-3）。

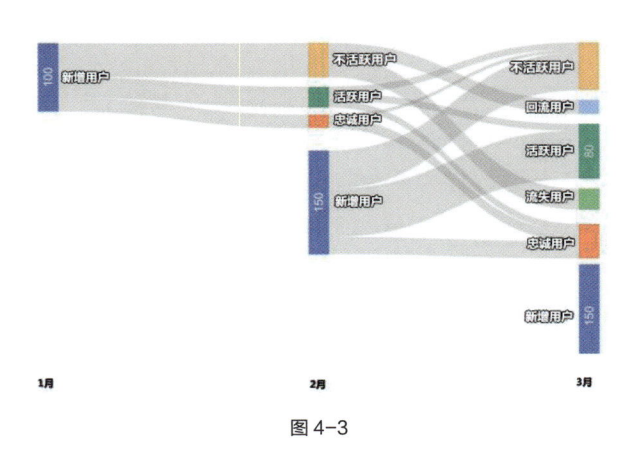

图 4-3

这种图比单纯的表格更加清晰，通过观察忠诚用户，发现他们的特征，以及选择该商品的理由，能够显著观察到不同活跃层的变化。同样的道理，我们也能观察到忠诚或流失用户是否在推广渠道上有显著差异（配合新增留存数据）。

59

（二）主播达人活跃度分析

淘宝的活跃度指的是阿里旺旺的活跃度。阿里旺旺活跃度是根据阿里旺旺的在线时长、发起或接受好友交谈次数、发起或接受陌生人交谈次数、发起或接受最近联系人交谈次数等多方面指标综合计算得到的。

1. 活跃点与活跃度

（1）PC在线获得：如每天早上8点到晚上8点在线1小时，可获得2点活跃度。其余时间每在线1小时，可获得1点活跃度。

（2）发消息获得：每10分钟发送一条阿里旺旺消息获得1点活跃度。活跃度代表了用户保持阿里旺旺在线、使用各项功能的频繁程度（图4-4）。

活跃度升级对应表

等级	等级图标	活跃度点数
1	★	0
2	★★	30
3	★★★	80
4	☽	150
8	☽☽	630
12	☽☽☽	1430
16	☀	2550
32	☀☀	20150
48	☀☀☀	68150

图4-4

使用阿里旺旺时，如果给陌生人发送大量单向垃圾消息或是其他垃圾消息，违反了阿里旺旺的使用规则，则有可能扣除相应活跃度。

（3）主播达人活跃度：达人活跃度代表的是帐号内的行为，包含主播达人行为和流量行为。达人行为指达人在阿里创作平台中成功发布内容的次数和频率，流量行为指达人发布内容获得展现的流量及形成的互动、交易等情况，综合情况越好，活跃度评分越高。只有活跃度高，平台才会让你继续沿用达人的规则，所以如果保持账号的活跃度，无论是一天发一条，还是7天发一条，都是满足平台对于活跃度的最基本要求，即发内容。

平台推出的主播达人活跃度指标，会成为各个渠道对达人筛选的条件之一（根据各个渠道的具体配置需求）。

活跃度指标同时还可以衡量主播达人对平台的价值，如果能持续发布内容，对平台的贡献大，后期会获得更多的利益和机会。

① 主播本身的行为：本身的行为会增加活跃度；

② 发布内容的数量：在特定时间内发布内容的数量的提高会提升主播达人的活跃度；

③ 发布内容的频率：在特定时间内发布内容的频率会影响主播达人的活跃度，例如每天发内容的主播达人所获得的活跃度分值一定比一个月发一条内容的要高；

④ 优质内容的数量：所发布的内容要保证一定的内容质量分值，内容健康度的值数是500分。

2. 直播数据时段与流量

长时间直播能带来更多流量吗？直播多久效果最好？有的达人增加了直播场次却没有带来观看量的明显增长，有的则是增加了直播时长却没有带来观看量的明显增长，这是一个非常值得主播、达人和机构都认真思考的问题。

比如某月份主播场均直播时长接近 5 个小时，符合大家对直播时长的认知是在 2～8 小时。在这个区间内，4～6 小时的直播时长最受主播欢迎，这个区间能够完全覆盖上午、下午、晚上三个时段中的一个；2～4 小时次之，最后是 6～8 小时。初级主播可通过长时间（时长 6～8 小时）直播来增加流量，时长超过 10 小时的大部分是尾部主播为了提升表现而增加直播时长，一般人较难坚持。

由于主播身份不同可能对直播时长带来影响，商家可能全天都开着直播，达人可能有更固定的直播时长。因此，我们可将主播分为达人卖家主播和达人主播，其中达人主播根据其自运营和服务第三方的比例不同又可以分为专业达人主播和一般达人主播（无专业的网红）。专业达人主播以服务第三方为主，卖家主播以自运营为主。相比较而言，卖家主播倾向更长的直播时长，场均 5～8 小时。专业达人主播场均 3～5 小时。

通过以上数据我们可以发现，无论主播的类型是什么，增加直播时长可能是尾部主播会采用的一种提升表现的方式。但是随着主播层级的提升，主播们很少再采用增加直播时长这种方式。

最后，数据分析给出了这样一个结论：对于尾部主播来说，通过增加直播时长可能会取得一点效果，但是当层级提升时，越来越多的主播反而会降低直播时长，头部主播的直播时长反而是最短的。提升直播的效果可能需要在直播以外下更多的工夫，无论是加强对直播间的装修还是对供应链的把控，漫无目地开着直播可能不会对提升销售有太大帮助。

（三）商业直播运营层面分析

1. 直播效果

（1）直观体现。全面直观了解产品或服务，看到产品的细节、颜色、穿搭效果等，比图片更清晰。

（2）解说全面。解决导购问题，让消费者身临其境，增强消费者体验度和好感度，比文字描述更为直接到位。

（3）互动性强。顾客根据喜好购买推荐产品，还能通过问答增加消费者的购买意愿，提升店铺活跃度。

（4）直播引流：主播以个人魅力吸引大众，从而转化成主播们的粉丝。

（5）陪伴作用。粉丝陪伴比例占 1/3，越是优秀的主播，陪伴型用户占比越高。

2. 主播作用

（1）时段吸粉：新主播一般在上午 7 点至 9 点及半夜 11 点后的时间段直播可以吸引到不少铁粉。不同的直播内容，吸引粉丝的有效时间段是不同的，需要较长时间的积累。

（2）获取流量：商业主播的人气、直播质量加上好的封面页设计，是获取游客流量的关键。其次讲解内容也至关重要，可以快速获得平台的推荐位。

（3）精准导购：主播要站在观众的角度，用心满足观众的需求。平均每位用户观看直播时长为 3 分钟，如果直播内容枯燥，则无法有效黏着用户。用户进入直播后，通常会用 2～3 秒的时间判断这场直播值不值得看，有没有价值，如果连续划过 10 多场直播，还没有找到好看的、值得留下的直播时，就会彻底离开。这个 3 分钟时长尤其重要。要想留存和黏着用户，必然要求更多的优质直播内容和扶持足够多长期持续的、优秀的直播团队。少量的、优秀的主播、网红及明星，会吸引 90% 以上的活跃用户及其时间。而绝大多数直播观看用户数甚至不足百人，如果一场直播有 200 人左右的观众，就是一个不错的效果。幂律曲线（20% 的人占据 80% 的资源）的现状，会导致腰部以下的中小账号被淘汰，无法长期坚持。

3. 直播引流吸粉

（1）各平台引流吸粉：运营团队可在淘宝短视频、抖音及快手等平台上投放一段自动播放的短视频。这些内容可以大大提升用户的活跃度，是商业直播重要的流量来源。

（2）粉丝分享引流：粉丝在看喜欢的直播的过程中会把好看的内容大量分享至微博、微信朋友圈、微信群及微信公众账号中去。这些扩散的信息，为直播带来了海量的信息扩散和新增用户。一旦有好内容，用户就会很容易将其留存下来。

4. 直播运营数据

（1）累积观看人数。数据分析最主要的直观内容是本场直播来自所有渠道的累积观看人次。这个数据会很直观地呈现在直播间的左上角，顾客进入直播间时，如果看到这个数据比较少的话，就会直接走掉，这就会影响顾客的停留时长。这是一个影响是否能够获得浮现权的重要数据，需要竭力做好（浮现权：淘宝官方对外解释的是淘宝直播是比较重视粉丝运营的，只要直播间的粉丝运营比较好，粉丝比较活跃就可以获取浮现权的奖励，如果想要获取浮现权就需要做好直播间的粉丝运营）（图 4-5）。

（2）最高在线人数。最高在线人数是本场直播来自所有渠道的实时在线同时观看本直播的人数。这个数据可以考核实时直播对消费者眼球的吸引力，也就是在直播间不断涌入的人中，前面的人进来后，后面的人跟着进来，最后总共留下了多少人。这个能力在一定程度上代表了直播间的内容是否让消费者感兴趣（图 4-6）。

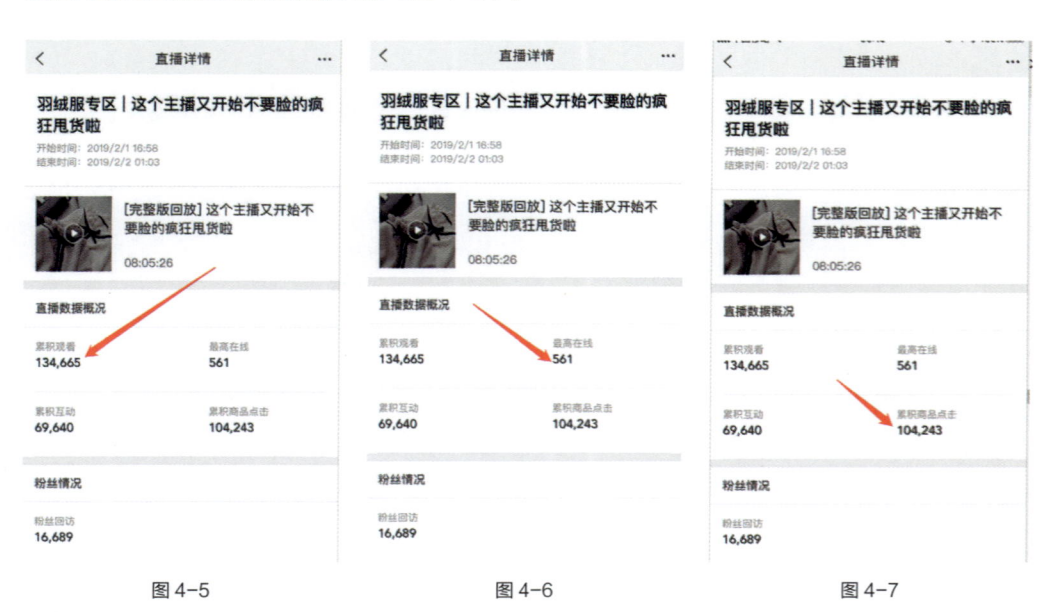

图 4-5　　　　　　　　图 4-6　　　　　　　　图 4-7

（3）宝贝点击数。宝贝点击数即在直播中，手机上点击宝贝的人次。宝贝点击数是衡量主播在直播时，粉丝们对于这个宝贝是否感兴趣的一个标准，可以通过宝贝点击数量来衡量这一款宝贝是否是粉丝们喜欢的款式（图4-7）。

（4）1小时粉丝最高进入量。我们可以通过这个数据来观测自己的直播间每一天粉丝在哪一个时间段进来得比较多，然后根据记录在这个时间段来做一些营销活动，把粉丝留住，将直播间的数据做得更好（图4-8）。

（5）直播流量来源。通过看直播间粉丝主要是从哪些流量口进来的，然后可以通过这个数据来做一些改善，增加从这个入口进入直播间的流量（图4-9）。

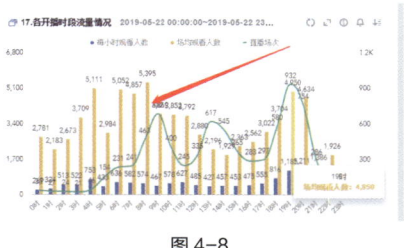

图4-8

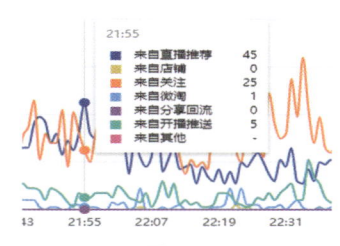

图4-9

（6）粉丝人均观看时长。粉丝的停留时长是一个影响能否得到浮现权的关键数据，如果这个数据能持续较高水平，那么要得到浮现权就比较容易，当然还要结合其他的数据，但是，这是一个很重要的衡量标准（图4-10）。

（7）粉丝观看指数。粉丝观看时长的参考指数，通常情况下，该数字大于1时，数字越大代表粉丝观看时长越长，非粉丝观看时长越短。该数字小于1，则粉丝观看时长太短（图4-11）。

（8）粉丝回访。粉丝回访代表着如果粉丝对直播间感兴趣的话，他就会重新回到直播间来看主播的直播。这个数据体现直播间的内容是否优质、有特色，影响粉丝是否会重新回来看直播（图4-12）。

图4-10

图4-11

图4-12

（9）新增粉丝数。手机淘宝渠道上产生新关注的粉丝人数，新增粉丝数可以衡量直播间是否可以吸引粉丝的眼球（图4-13）。

5. 直播增粉工具

（1）直播预告。直播预告的好坏是直播运营的第一枪，预告发的好，粉丝就多。要清晰描述直播主题和内容，能让用户提前有所了解，有利于获得更多精准用户流量。同时，优质的直播预告有望登上手淘首页。直播预告规范填写如表4-6。

图4-13

表4-6

	标题	内容简介	直播地点	直播间布置	购物袋宝贝
概术	一句话形容你的直播间亮点，第一时间让用户在茫茫直播中对你的直播内容感兴趣，要有个人风格，杜绝无病呻吟、口水词等	对标题进一步解释的一句话，可以是本场直播的嘉宾、流程、特色场景方案、主播的自我介绍、主打商品背后的故事，具有可读性	必须真实	以浅色纯色背景墙为主，简洁、大方、明亮为基础，不能花哨 1）衣架、衣柜，不能乱七八糟摆放，如果做不到整齐，就不要让衣架出现在镜头里 2）可以有假模特，1~2个最多 3）主播信息，建议用小黑板（不要放五彩荧光色），不要贴牛皮纸 4）小灯串可以放，但是灯光不要太亮，不要分散观众对直播间的注意力 5）可以适当有一些背景音乐，渲染气氛	宝贝提前发布越多，越能匹配更多用户
基本规范	大于4个字，且限制在12个汉字以内（空格、标点符号算半个），杜绝无病呻吟、口水词（如游戏、我们来聊天等）	第一段：要求18~26字（标点和空格算半个） 第二段：粉丝福利+有行动点的方案（比如：还不快戳！）			
举例	1）不要放利益折扣信息（如秒杀、送衣服等）以及"#"符号，这些信息放在内容简介部分 2）切中粉丝工作生活中最常见的场景，产生共鸣 3）实事求是，你是170高的长腿姑娘，就不要出现"小个子穿搭攻略"的标题	1）不要第一句就是"大家好，我是×××" 2）正方里不要有"内容简介"这四个字			分享宝贝必须符合营销新八条，且店铺DSR评分4.6分及以上，三个维度不能为绿色，好评率98%以上

封面图是直播预告的脸面，是决定多少观众进入直播间的重要因素。不同类型的封面图示例如图4-14所示。

封面图基础要求
1）不要出现任何文字（直播间贴纸除外）
2）不出现拼接图、边框图
3）画面完整，主题突出；不可花哨，不可有细碎物体
4）封面图内如另有主播外的人物，如明星，需要有授权，且在直播间中实际出镜
5）基础封面图印750×750的正方形图

手淘首页封面图进阶要求
在基础要求的基础上，另需要：
1）不得出现任何文字（拍照背景也不要出现字）
2）不得出现Logo
3）不得出现大面积黑色图，建议为浅色图
4）请注意比例
5）手淘页面封面图即16：9比例的长方形图

请保证图人相符的前提下追求封面图美观
两张封面图的内容必须统一和一致

图4-14

如果商家可以制作一个更精美的视频，就有可能上首页被更多人看到，但是对于预告视频有较高的要求和规范。

（2）直播脚本。预告脚本撰写就像电影的导演，直播内容需要结合粉丝需求来撰写。

一般直播间需要一名控场型主播，其职责集主持人、串场互动于一身。进阶版直播则需另外配置一名主播助理（引导下单）或专业型主播（达人干货分享）。

（3）直播切片。现在的直播间切片功能可以满足内容单独剪辑需求。在直播讲解宝贝的过程中按开始与结束就能生成一段短视频，这段视频可分发到多个渠道，比如宝贝详情页、微淘、猜你喜欢、爱逛街、必买清单等。对商家来说，使用切片功能不仅能形成内容二次利用，还可以为宝贝增加个性真实的解析，提升转化率。以下是切片发布动作：

① 切片录制：点击直播间界面右下角"宝贝讲解"按钮。
② 选择宝贝：在列表中选择你要讲解的宝贝。
③ 讲解提示：粉丝界面将会收到你开始讲解的提醒。
④ 完成标记：购物袋中会对录制过切片的宝贝系统进行标记。
⑤ 点击观看：点击标记的按钮即可。

切片内容规范如图 4-15 所示。

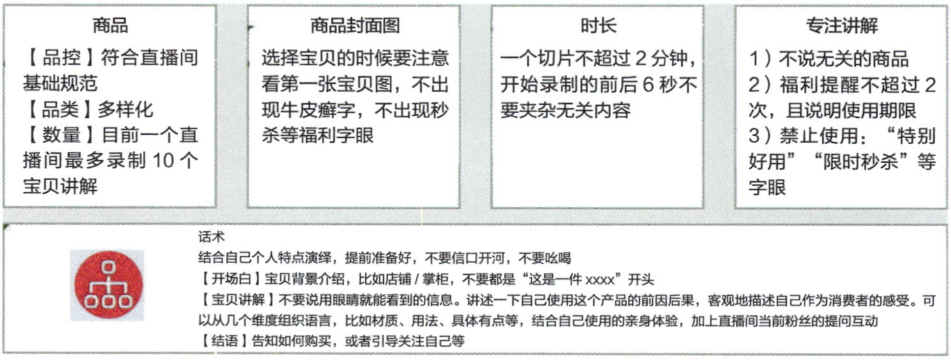

商品	商品封面图	时长	专注讲解
【品控】符合直播间基础规范 【品类】多样化 【数量】目前一个直播间最多录制 10 个宝贝讲解	选择宝贝的时候要注意看第一张宝贝图，不出现牛皮癣字，不出现秒杀等福利字眼	一个切片不超过 2 分钟，开始录制的前后 6 秒不要夹杂无关内容	1）不说无关的商品 2）福利提醒不超过 2 次，且说明使用期限 3）禁止使用："特别好用""限时秒杀"等字眼

话术
结合自己个人特点演绎，提前准备好，不要信口开河，不要吆喝
【开场白】宝贝背景介绍，比如店铺/掌柜，不要都是"这是一件 xxxx"开头
【宝贝讲解】不要说用眼睛就能看到的信息。讲述一下自己使用这个产品的前因后果，客观地描述自己作为消费者的感受。可以从几个维度组织语言，比如材质、用法、具体有点等，结合自己使用的亲身体验，加上直播间当前粉丝的提问互动
【结语】告知如何购买，或者引导关注自己等

图 4-15

（4）调动粉丝。设置小黑板公告等，用最精品的内容和粉丝互动，从而替代直播间中的实体黑板和粉丝对宝贝基本信息的问询，引导粉丝养成良好的互动习惯。小黑板包括几个部分：

① 主播信息：花名、身高、体重及直播间宝贝的信息等。公告发布后会在屏幕的顶部滚动显示出来。公告显示结束后，会沉淀在直播左侧的小黑板里成为直播印记的一部分，为主播记录直播间各个瞬间。

② 红包功能：优惠券发放等。

③ 发起投票：可以帮助主播对粉丝有更深入的了解。有助于快速收集粉丝信息，了解粉丝需求，并在直播中实时作出调整。

（5）主播手势：使用手势识别的直播间互动都会更高，可引导用户点击"关注"或者"宝贝口袋"等。目前直播间有以下三种主播手势：

① 手向上—引导关注；

② 手向下—引导宝贝口袋；

③ 比爱心—比心。

开播后，请先在直播间右上角"设置"一栏点击"打开手势"。"V"粉丝录屏，激励粉丝录屏并上传至社交平台（微博以及朋友圈等），用小视频的方式，吸引更多人关注，粉丝的朋友圈都可能是你的粉丝。

6. 中控台关键数据掌握

（1）最高在线人数及调控：这个数据主要是主播在实时直播时，对消费者的吸引力，也就是在直播间不断涌入的人中，前面的人进来后，后面的人跟着进来，总共留下了多少人。这个能力在一定程度上代表了直播间的内容是否让消费者感兴趣，调控的关键是在一段时间内，将进入的顾客按主播讲的内容，整理成一个对应时间表，总结后在此基础上调整后面直播的内容，达到吸引下一拨顾客的要求。

（2）顾客停留时间：

① 顾客停留时间是一直要关注的数据指标，我们发现，头部主播的直播间其顾客的停留时间都比较长，但是腰部主播却出现两级分化，一部分主播只能做到 200 秒，另外一部分主播则能做到 5 分钟左右的长效在线停留，要留住顾客，就要不断增加新的内容。

② 对于一个新手主播，也可以用这个单项指标来判断她是否有潜力，对于一个新主播来说，顾客停留时间几乎可以预判这个主播的未来瓶颈，我们可以通过一些数据给主播规划职业方向，并且为直播间初期调整做很多工作；顾客停留时间的长短随着时期不一样参考值也一直在变化，比如淘宝扶持管住了一大堆流量给主播选择粉丝，那停留时间就会很短，这个时候我们更多关注转粉率。如果直播间流量比例健康，那停留时间就成了消费者对直播间综合评分最直观的感受，因为大量顾客都是在直播间观看 1 分钟内就决定去留，第一印象决定了后面是否可能转粉。

（3）转粉率保障：转粉率在淘宝直播的权重中相当重要，做得好，可事倍功半，要全面了解转粉的算法，并重点关注各类数据 7 天内的增长情况。

（4）与顾客互动：顾客互动数据主要看主播的能力，当一个直播没有内容的时候，依然可以对着空气直播 6 个小时的主播却大有人在，这对心态的要求非常高，当然如能将互动内容与时间及套路有效结合，就会达到极好的效果。让消费者留在直播间的关键是运营的活动设计及策略，是需要循序渐进地成长。

除了以上要点外，还要经常召集运营人员与主播开内容协调会议，每个小组都要有序地讨论每个重点（至少 1 个主播配 1 个运营）。所谓的精细化运营就是这样产生的，因此运营和数据越来越重要，不止运营需要懂数据，主播同样需要懂数据。在主播做到懂数据后，需要做的就是预防主播短视的情况，也就是每天只盯着数据不干活。

（5）流量运营：要形成自己的运营体系，主播想要做好直播，必须懂得如何去运营、研究、分析。过去"流量为王"的理念使得运营人员的职责聚焦在拉新上。随着直播市场环境的变化，运营的渠道和方式不断增加，运营有了更加细致的分类。

① 站外引流：引入外网长期积累的粉丝，如抖音、快手、微博、朋友圈等渠道。直播前可做好预热、广告准备等。

② 流量互换：通过与商家合作，每个优质的商家都有固定的粉丝圈，商家帮助宣传，主播

帮助商家推广，良性的合作也是非常好的获取流量的渠道。

（6）流量优化（非常重要）

① 封面：第一印象直接影响直播间进入人数，封面图要足够吸引人；

② 标题：直播标题是否明确，是否能突出直播内容，不建议用促销类词语；

③ 标签：标签对不对，对直播流量引入起着决定性作用，直播内容必须与标签匹配；

④ 商品：商品是核心，根据粉丝的需求和主播本人性格来匹配商品，杜绝盲目推广商品，以免伤害粉丝；

⑤ 环境：良好的直播环境能给粉丝带来各种信任感，糟糕的环境只能让粉丝排斥，影响顾客停留时间；

⑥ 印象：必须把最靓丽的一面展现给粉丝，杜绝衣冠不整、灰头土脸等。

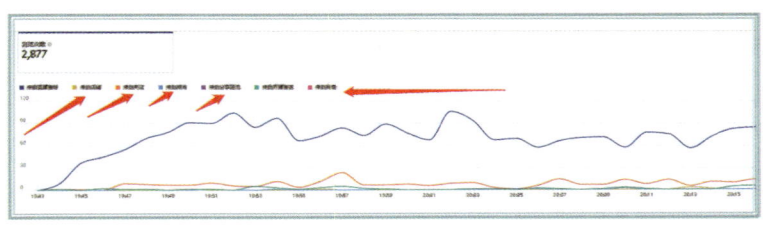

图4-16

图4-16曲线仅反应手机淘宝上的观看情况，延时2分钟，这意思是你看到的是2分钟前的数据，而不是当时的数据反馈。

累计看下面的4个点的作用是什么呢？这4个数据需要对比着看，可列为两组：

整体进入VS整体离开；粉丝进入VS粉丝离开，不管是哪一组都是同样的分析方法；

通过数据曲线，可看出只有两种情况，一种是进入＞离开，一种是离开＞进入。这个时候需要思考的是，两分钟之前，为什么观众进入了之后，有的离开了，有的留下了，是环节没有做到位？还是别的因素影响了观众的选择，比如，货品、主播本身、画面或讲解等。比如有的机构会让新主播用店铺号试播一个星期，从这个数据就能大致看出一个主播的潜力，也就是能不能接住流量。

其他：PV=阅读量、UV＝阅读人数。

要查看整体运营数据，点击左面菜单栏即可。

二、直播运营数据解析

（一）优大人数据软件（电商与直播运营软件）

1. 优大人软件的优势

（1）快捷掌握各项数据

优大人软件的各项基本数据，如粉丝数、开播次数、场均观看数等都可以一目了然。图4-17是主播的自动分析功能。

图 4-17

主播也可以利用平台的数据自行分析，如每场直播总 PV、UV、互动、分享、近期的流量变化，及时发现涨幅变化（图 4-18）。

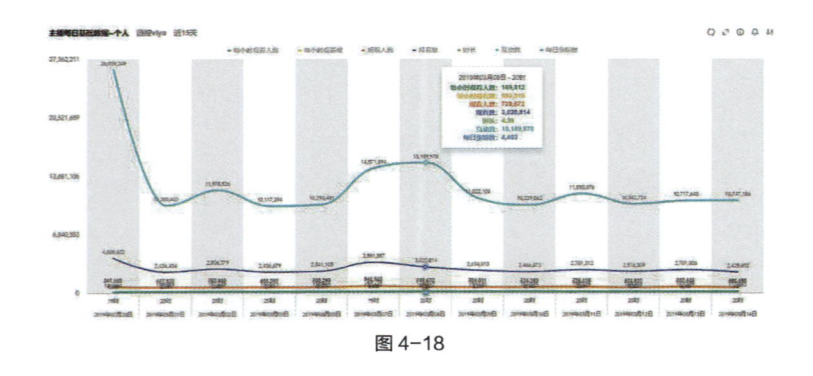

图 4-18

（2）商家模块精准优化

优大人软件有针对商家的直播投放数据平台，方便商家了解自己投放的主播的优劣，帮助商家淘汰不优质的主播，避免了高成本低曝光和产出的情况（图 4-19）。

图 4-19

（3）全面洞悉竞争对手

优大人软件提供了竞店查询功能，可以详细了解竞争商家投放的主播情况（图 4-20）。

图 4-20

（4）自主掌控大盘流量

每日流量对比，可以将每日流量情况与近 30 天、60 天流量情况进行对比，帮助商家了解整体流量的变化（图 4-21）。

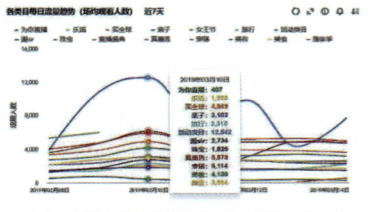

图 4-21

2. 优大人新主播流量扶持及流量转化

通过优大人直播大数据、粉丝精准度与流量人群分析，可以让我们更好地找到属于自己的粉丝群落，还能精准把握新晋主播前期一个月的流量扶持，为成功晋级主播网红打下坚实基础（图 4-22）。

3. 优大人淘宝直播数据分析系统内容

（1）数据实时查询。查询全网直播中主播的实时标签、增粉、在线数据等；

（2）管家绑定自家。主播每场直播结束后，收到当时的直播诊断报告；

（3）榜单。查询全淘宝达人和店铺直播间各种维度排行；

（4）大盘数据。查询淘宝直播整体大盘数据详情；

（5）大数据。查询店铺直播间整体数据；

（6）优大人商家版。深入整合查询淘宝直播各维度数据，以及达人、店铺、机构等数据；

优大人商家版以分钟为单位全程不间断监控所需监控的直播间的流量、评论、增粉人数、平均在线时长、UV、PV 等指标。

69

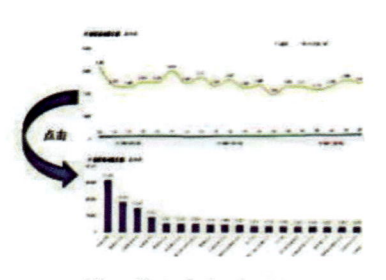

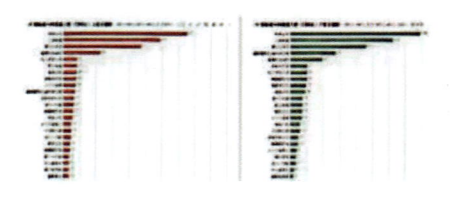

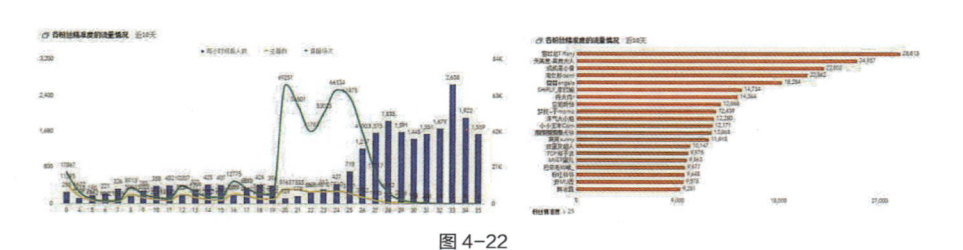

图 4-22

（二）淘宝直播间主播排名提升

淘宝直播中流量最好的渠道就是频道的流量，主播如果想要得到这个渠道的流量，就一定要明白淘宝直播排名的算法。

1. 直播标签选择及预告

店铺上架商品是关键。如果选择的类目和自己的商品内容相关程度不大，流量精准度肯定不高。就算到了首页上，顾客也没有意愿进来，就算进来了，对商品也不会有太大的兴趣。此外，如果选择的类目太热门，那么上首页的难度就会非常大。除了选择直播标签以外，还有一个很重要的条件，那就是预告。即只有当发出的预告被淘宝官方审核通过了，才会有一定的机会进入首页的浮现。

2. 直播的观看人数

看直播的人越多，就证明这个直播的价值越高。因此，主播为了在开播时就把别的主播比下去，不仅要做直播的预告，而且还要尽量把直播预告做出差异化，增加吸引力。还要引导这些粉丝将自己的直播分享到他们的朋友圈里，这样能够有效提高直播观看量。

3. 直播间的停留时间

为了防止一些商家找人专门刷观看量，直播停留时间成为防止一些恶意点击的过滤算法。

如果直播只是一个噱头，顾客进去后发现没什么意思，根本达不到 3 分钟的停留时间，这些观看的访客数量就会被淘宝过滤掉。

4. 直播点赞数及互动量

直播的点赞数以及互动量的算法和直播的停留时间比较类似，只不过是更进了一步。如一些“僵尸”粉进来，这些观众如果一直没有去点击屏幕，也没去评论区留言，同样会被淘宝过滤掉。所以很多主播都会想办法提高这两个数据，比如只要粉丝的点赞量达到多少就可以给粉丝发福利。对于直播期间每一个粉丝的评论也会进行互动，让自己的粉丝活跃起来。

5. 直播数据流量转化（粉丝与流量）

淘宝达人帐号需要不断地获取流量，不断增加曝光才能提升这块分值。

（1）获取的流量。帐号内获得的流量越多，所对应的分值越高，如果是站外粉丝，分值会提高。

（2）形成的互动。帐号内与粉丝之间的交流和互动，包括点赞、转发、评论等。

（3）形成的交易。帐号内给商品引入的流量也会作为一个考虑因素，但不是很重要。

（4）形成的转化。包括获得曝光之后的点击、形成的互动、互动促成的交易，以及所有行为中形成的粉丝数等与所有转化相关的数据行为。

（三）商业直播顾客数据解析

1. 用户（粉丝 / 顾客）画像

（1）什么是用户画像

用户画像，即用户信息标签化，就是企业通过收集与分析消费者社会属性、生活习惯、消费行为等主要信息的数据之后，完美地抽象出一个用户的商业全貌，如图 4-23 所示。比如某女性，年龄 33 岁，已婚，月收入 8000 元以上，爱美食，团购达人，喜欢化妆品，这样一连串的描述即为用户画像的典型案例。

消费购物

消费偏好领域	住宅家具：1、童装/童鞋
偏好品类	传统糕点：1、简易衣服
偏好价格区间	0-100：2、500以上：1
消费频率	3
近期消费次数	3
近期消费总额	725
使用手机类型	
信用等级	

交际图

交际偏好领域	246
微博粉丝数	270
微博关注数	85
微博圈粉数	无认证
微博认证类型	
微博认证原因	
微博个人标签	
qq群偏好特征	

基本属性

年龄	33
性别	女
生日	1986/6/25
所在国家	1
所在身份	51
所在城市	1
所在县区	0
故乡国家	0
故乡省份	0
故乡县区	0
星座	巨蟹座
血型	未知
学校	中医药大学

图 4-23

用户画像为企业提供了足够的信息基础，能够帮助企业快速找到精准用户群体以及用户需求等更为广泛的信息。

（2）为什么需要用户画像

用户画像的核心是为用户打标签，打标签的重要目的之一是让人能够理解并且方便计算机处理，即可以做分类统计。如喜欢某品牌包包的用户有多少，在这些用户中，男、女比例是多少等。也可以做数据挖掘工作，如利用关联规则计算，喜欢某品牌包包的人通常喜欢哪些时尚品牌，利用聚类算法分析，喜欢某品牌包包人的年龄段分布情况（图4-24）。

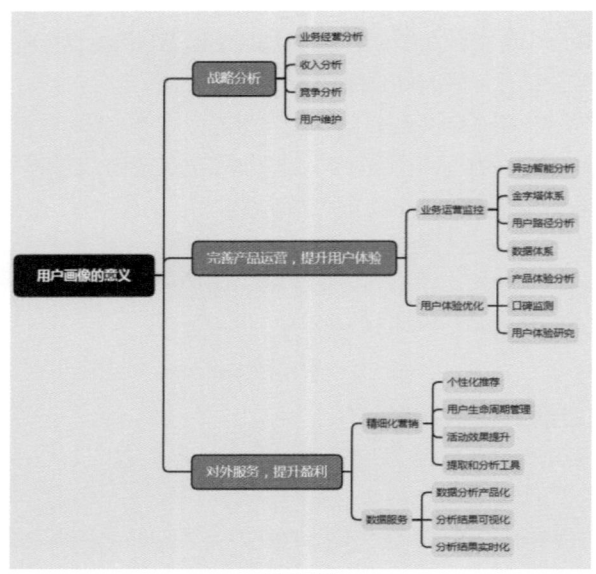

图4-24

用户画像本质就是从业务角度出发对用户进行分析，了解用户需求，寻找目标客户。另外一个重要方面就是企业利用统计的信息，开发出适合目标客户的新产品。

2. 用户转粉率（如何做低成本直播转粉）

粉丝是直播间的命脉，吸粉数、转粉率等流量数据是初始权重积累的重要因素，如何才能加快用户转粉，并且吸引住粉丝，要注意以下几点：

（1）气场决定影响。从粉丝角度来看，一个主播能不能吸引观众的眼球，并转化成粉丝，对主播的气场是一种考验。气场是一种无形的东西，能够让人不自觉地信服，但是这个不是每个人都天生具备的，需要后期养成。

（2）前期的烘托。通过场面、背景、背书等打造一种隐形的震撼力，这与谈判造势很像。

（3）谈吐有特色。语调抑扬顿挫，话语间充满着自信，不容置疑，音调大部分在中重音。

还有部分粉丝黏度较高的主播们，在遇到任何质疑的时候，都会很认真、冷静地去解释（不是强词夺理）。

这种情况往往需要很好的应对能力和心态。所以在直播过程中，对于语气的高低和语速，主播们要多注意，不要过快，吐字要清晰，心理上要树立信心才能表现得沉着冷静，久而久之就会有属于自己的气场。

（4）信服力的养成。信服力的养成是一个积累的过程，为什么粉丝要信任主播，相信主播能带来什么实际的用处。主播要经常站在粉丝的立场考虑，她做了你的粉丝，你能给她带来什么：

是专业的推荐，还是极致的性价比产品，或者是提供消磨时间的娱乐空间，又或者是情感释放的贴心大姐姐。当主播如果能够充当好这些角色，其粉丝信服力就会大大提升。不同的角色所带来的效果是不一样的，但是有一样是相通的，那就是粉丝的信任，信任都是相互的，你愿真诚待我，我便还你信任。

（5）内容的饱满度。内容是一种信息，是用于沟通双方的桥梁，有场景、视频、软文、直播、段子等，内容本身所赋予的意义在于拉近两方的距离，并通过软性植入达到自己的预期。最直观的直播内容体现在主播的脚本，然后通过主播表述出来。内容包括以下几点：

① 专业知识：服装搭配、美妆化妆、护肤流程及服饰面料等；
② 粉丝意见：美妆过敏，衣服不合身等；
③ 有趣的互动：红包、竞猜、趣味、优惠券、粉丝见面会等；
④ 产品推荐：直播间的产品介绍不单单是简单的描述，而是要把产品本身做一个背书介绍；
⑤ 直播间标签定位：直播市场对垂直领域的扶持力度将加大，因此主播直播间的标签定位将会越来越重要。标签定位的方式就是人群的属性、粉丝的数据。比如服饰直播，在这个标签频道下的流量转化吸粉之后，直播间就会打上这个标签，但是如果转粉的人群中，服饰的细分标签不是第一类标签，而是将美妆标签作为第一类，那么数据标签会往美妆方面倾斜，在服饰频道下标签流量就会减少。

3. 粉丝分层工具

充分利用粉丝分层工具，用户购买转化率会提升 30%～100%。粉丝量低的主播，通过粉丝分层的提升，会增大购买转化率，大主播使用粉丝分层的效率更高。粉丝分层核心数据显示，使用了粉丝分层的主播在直播间直播的时候，用户点击商品详情和引导成交明显高于未开通粉丝分层的主播（4-25）。

图 4-25

（1）转化方法：

① 粉丝福利：尽量设置好用户福利，如优惠券、红包等；

② 亲密度分值：尽量在直播的时候让用户关注粉丝亲密度分值，努力刷分争取早日达到铁粉、钻粉榜。

③ 多样化活动：如当日完成亲密度满分可获得礼物或者权益（针对新主播）。

淘宝直播粉丝分层一共有 8 个计分项目，默认固定 5 项，可以选择 3 项，主播可以根据自己的粉丝特性设置不同的计分行为。亲密度加分规则：观看直播加 2 分；累计观看 4 分钟加 5 分；累计观看 15 分钟加 5 分；加购商品（上限 3 次）加 5 分；关注主播加 5 分；发评论（上限 10 次）加 2 分；分享直播间加 10 分；每日点赞满 20 次加 2 分。正式开播后，在直播过程中，可以设置不同等级用户的权益。还有三类红包、优惠券、淘金币红包均可设置。

（2）权益设置：

① 投放用户：选择铁粉、钻粉不同等级用户派发不同力度的权益。如铁粉才可以领取的红包；

② 领取条件设置：选择"领取条件"可看到用户所有行为项目，根据行为项目设置不同的福利策略。如观看了 5 分钟才可以领取的优惠券；

③ 个性化设置：凡是末级有空白框的即可个性化设置，如红包、优惠券等，还有点赞多少才可以领取优惠券等。

4. 粉丝回访次数（如何让粉丝"多"变成粉丝"黏"，增加粉丝的黏稠度）

（1）主播话术。新人关注，必将言谢。人在任何场合都希望被尊重，被重视，有新人进入直播间，主播一定要说出粉丝的名字，并且说一声感谢。这样能增加粉丝对主播的好感，延长粉丝在直播间的停留时间，提高转化率；

（2）引导行为。引导粉丝加群，产生羊群效益，这是直播过程中主播一定要去引导的。让粉丝加群，能起到粉丝间相互影响的作用，铁粉带动新粉，群友交流的方式会给新粉丝传递更多信息。同时提升群粉丝人数，提高粉丝留存概率，同时也能提升粉丝的活跃度；

（3）增强关系。主播和粉丝产生一定的关系后，让粉丝拉近与主播或店铺之间的距离，让粉丝产生归属感，形成一定的活跃关注粉丝。比如一些头部商家、大主播，形成后援团形式的铁粉组织；

（4）利用事件。利用官方活动或当前热门事件。在直播过程中进行回放和提醒，增加粉丝的印象，同时推出自己的活动，进行遥相呼应，在直播中进行预告，在自己参加活动的同时，在直播中进行活动打造；

（5）粉丝利益。点赞红包，铁粉利益分层。直播过程中，除了以销售商品为目标，也需要让粉丝获得利益上的支持，主播或商家对粉丝的感谢等，要做到边看边买，还有小惊喜。

5. 粉丝互动频率

（1）在微信等平台发布。在微信、微博、店铺、抖音等无线端预告发布，召唤老粉丝来看直播，让买家和粉丝参加到直播中来。淘宝直播中观看的人多了，氛围就起来了。

（2）直播时间固定。每天 5~8 小时的直播，同时以节目的方式将时间固定，固定每周某时段进行直播。这种直播还要有固定的大主题。这样的淘宝直播才会有粉丝观看。

（3）二次发布。每次淘宝直播后，主播要能够把直播中好玩有趣的内容和产品在微淘、社区里作第二次沉淀，让买家和粉丝们关注微淘，参加微淘互动。

（4）发放福利。同时在淘宝直播里给用户送福利、发红包、秒杀产品等。

① 直播秒杀；

② 求点赞送礼物发福利；

③ 直播红包雨；

④ 直播截屏抽奖；

⑤ 直播系统抽奖；

⑥ 直播投票。

直播间互动方法还有许多，这些都需要卖家和主播提前做好方案，什么时间发一次福利，多少人在线观看就秒杀、抽奖等。

6. 粉丝互动内容

随着淘宝直播的发展，现在对于淘宝主播的要求也越来越高了，如果一个主播无法很好的跟粉丝互动，将会被淘汰，那么应该怎么去跟粉丝互动？有哪些互动的方式呢？

（1）回答粉丝的问题。当主播们在进行直播的时候，一般都会有顾客会咨询一些问题，比如说产品的质量或者是价格等等，虽然会有很多粉丝问同样一个问题，但是作为主播还是需要耐心回答，既可以选择助手屏蔽，也可以手动进行记录一些常被问到的问题，并且及时给予答复，这样就会让粉丝们觉得自己很重要，进而继续关注你的直播，否则很容易让粉丝不再关注主播。

（2）直播中进行抽奖。直播中进行抽奖已经是很多主播都会做的一件事情，因为这样能够提高粉丝们的互动和活跃度，而且在抽奖的奖品设置上也需要技巧，比如说奖品可以直接是直播中推荐的产品，又或者是新品等，这样就能够吸引住观看直播的粉丝。

此外在直播中抽奖也要把时间设置好，不要一开始就把奖品抽完了，最好是能够在直播的前中后都抽取一次，这样也能够让粉丝们从头看到尾，另外还可以通过点赞或者是评论突破多少就发福利的方式。

（3）直播中咨询粉丝问题。其实这是很好的互动方式，比如说在直播中推荐了两款产品，可以让粉丝们来进行投票，觉得哪一款产品更好看，或者只推荐一款产品的时候，可以问粉丝产品好不好看，如果觉得好看也可以得奖，但在提问时最好可以避免一些开放式的问题，否则会对粉丝们观看直播有一定的影响。

（4）求关注求点赞。在进行直播时一定要让粉丝们密切关注自己的直播内容，同时也可以让粉丝们进行关注和点赞，因为直播必须要吸粉，当然也要卖货，因此在直播过程中要指引各位粉丝关注和加购，甚至还可以辅以奖励，这样就能够调动粉丝加购关注的积极性。但这个不适合频繁使用，容易引起粉丝反感。

另外各位主播们也要记住一个非常重要的点，就是在要结束直播内容的时候一定要跟粉丝们打招呼，让粉丝们有心理准备，这样也能够让那些想要关注却还没有来得及关注的粉丝及时关注你。

7. 粉丝下单转化率

宝贝价格让利。商家做直播的目的是为了让自己的宝贝能够多多曝光，同时也能够促进宝贝的销售。但是对于主播来说，希望能够在设置产品价格的时候多一些发挥的空间，也可以提供一些店铺的优惠券或者是小礼品等等，如果产品的价格很高，然后又没有相关的优惠券，那么转化率确实也难提高。同时选择直播时间段及做好直播标题与标签等（图4-26）。

图 4-26

（四）店铺直播数据掌控

1. 直播商品管理

（1）检查所用商品。对于直播卖货的卖家或主播来说，需要提前准备好直播的商品，检查商品是否存在质量问题，检查商品的型号是否正确，参与直播的款式是否齐全，是否出现货不对的情况等。

（2）推广商品情况。如果是在帮别人推广商品，那么直播之前要检查商品本身的设计、规格参数、颜色等。确认商家给的文案以及商品介绍资料是否完整，确认商品的款式是否符合直播的内容、商品的历史销售评价是否良好，不要有中差评等不好的情况，直播时客服是否在线，是否需要发送优惠券，是否需要在直播期间进行活动（比如抽奖、发红包等），是否需要给客服报暗号等。

（3）商品使用心得。直播时，还需要提前准备好相关产品的知识介绍，展示商品的完整形象，与商品相关的使用技巧及方法，使用商品的一些注意事项，使用之后有什么效果等；并谈谈主播使用这款产品后的心得，引导观众下单购买，促成成交。

（4）如何引导关注。直播的过程中可以添加和直播相关的商品，推荐给观众。同时，为了帮助提升粉丝关注，在直播过程中可引导观众，点击界面顶部头像，完成关注。

（5）直播时间段框架。直播的时间一般为 3~5 个小时，也可根据自身的情况适当延长或者缩短，直播开始是先预热半个小时，可以引导用户将直播间分享给好友，并与用户互动，及时回答用户的相关问题，然后按照要展示推荐的产品一次安排时间，每推荐一个产品要与观众进行互动，随时解答观众提出的问题，引导观众们及时下单购买。

（6）分享商品规定动作。

① 展示全面：直播的商品要展示全面，如衣服需要展示穿着效果，前面、后面，以及商品的细节、设计风格、设计细节、面料等。

② 描述准确：对商品的产地、尺寸、面料、规格颜色、味道等与产品相关的属性进行细致描述。

③ 使用心得：向粉丝介绍商品的使用方法以及使用的感受等，如护肤品需要告诉粉丝怎么使用，使用的注意事项，使用以后会有什么效果，主播对这个产品的使用么心得，也可以推荐本店的其他产品等。专业的主播不仅只推荐一款，还会通过使用效果以及搭配推荐更多其他的款式。

2. 商品客单价分析

客单价是指一名顾客在一定时期内在直播间消费的总额，即客单价 = 日均客单价 × 购买频次。提高客单价的主要方法是开展店内的关联营销，关联营销是指买家多次购买组合形式的产品，进行关联营销的方法主要有基于产品功能的互补性、基于人群的从众心理和羊群效应，推荐时要注意，推荐多了等于没有推荐。产品之间是否适合进行关联推荐主要有 3 个指标：

（1）支持度：在所有的买家中同时买了产品 A 又买了产品 B 的买家的百分比；

（2）置信度：在买了产品 A 的买家中又买了产品 B 的买家；

（3）提升度：支持度 / 置信度。

在分析了某种产品是否适合进行关联销售后，还需要分析客单价的价格带分布，通过分析价格带的分布来得出应该选择怎样的关联产品和怎样定价。

3. 商品平均转化率（商品转化率的关键是权重的争取）

（1）权重作用：在转化率方面占了直播间一半的作用，转化率降低，销售就不好，流量就会降低。

（2）商家合作：主播如没有带货能力，就会减少与商家的合作机会。福利支持的减少，使商品平均转化率变差。带货能力强的主播，可以从商家争取更多的福利给粉丝，商品平均转化率就会提高。

（3）信任互动：直播要有专业性，不能让粉丝看到主播瞎卖东西，这样会导致粉丝的疲倦状态，转化率变差。

三、直播间操作案例

（一）直播前宣传工作

通过微淘、微博、微信、抖音、快手、小红书等方式，宣传告诉顾客你会在什么时候做淘宝直播和直播的主要内容，提高曝光度。现在小红书、抖音等这些平台的流量引流还是不错的，淘宝上的直播预告也是不错的方法，预告也会吸引更多的人来观看。前期宣传做得好，自然会有人气。

（二）直播前做好各项数据比对

（1）主播竞品数据对比；

（2）主播个人流量增速对比；

（3）主播个人销售转化对比；

（4）同期主播数据对比；

（5）店铺流量数据对比；

（6）同流量级主播数据对比；

（7）同时段主播数据对比；

（8）同标签主播数据对比；

（9）同产品主播数据对比；

（10）指定主播数据对比。

（三）直播前确定商家、达人或网红

淘宝直播分商家直播和达人直播或机构直播两种方式，商家直播开通需要一定的条件，网上都可查询，两种直播各有优劣，还可通过优大人软件在网上找到所有主播的详细情况。针对两种直播方式的优劣，建议卖家在初入直播的时候可以利用达人直播，能够快速地推广商品，同时积累总结直播的经验，有一定的条件和基础后就可以尝试商家自己直播，毕竟只有自己掌握了直播要领才能真正属于自己。

1. 直播主题确定

虽然每场直播大方向的目的都是销售，但是具体情况会有所不同。是推广新产品，还是稳定产品的销量排名，亦或者是促销清空库存等。目的不一样，策划的直播主题也不一样。每一场直播都要先确定其目的，并以此作为直播内容拓展进行延伸。直播前需要明确故事要讲给谁听（受众）、什么节奏是调动群体情绪及建立情感联系的第二条策划主线，根据直播时长要完成预热、爆发、收尾三个节奏点的衔接。

因为直播的性质是"现场 + 同场 + 互动"，即时性互动是直播受欢迎的根本，直播节奏的紧凑性会直接影响到单场直播所产生的营业额。因此要先确定好直播的主题才能做好直播，要去分析买家对什么感兴趣，看到什么样的直播主题会点击进来看。淘宝直播主题不要写得太啰嗦，也不要太随意。卖家根据店铺产品定位客户人群，对于粉丝的购物心理、感兴趣的内容要多做功课，不要干巴巴地介绍，最好能以朋友的方式来成交，这样更容易留住粉丝，也会招揽其他的粉丝，产生粉丝裂变。

2. 直播素材准备

这里说的素材是广义上的素材，大到直播时的场景化素材，小到一张单场直播间主图，这些都是直播需要准备的素材。接触过传统电商的直播运营团队会很注意引流主图的测试和使用，一张优质的主图可以帮助主播快速成长。人、货、场景中的场景，也是需要在直播前做场景化素材准备的。常用素材包括环境素材、直播素材、道具素材。

3. 直播封面设计

优秀的淘宝直播封面能吸引人，淘宝直播封面其实类似直通车主图，完全是为了吸引点击。当然直播封面要符合直播主题，否则顾客会觉得被欺骗，毫无关联的封面会适得其反。封面要求突出主题、吸引人眼球、不要太花哨，封面就是第一印象，第一印象做好了才能有更多的人被吸引。

4. 直播互动活动设计

因为直播的性质是"现场 + 同场 + 互动",那就要求主播在直播的过程中不能只是在自娱自乐,对着屏幕完成各种商品的介绍,一个成功的直播需要提前设计好和粉丝之间的互动计划。

互动性话题设计,可以从用户的痛点或者当下的热点话题,再或者从自己的专业方向出发。互动环节的设计,可以帮助我们采集更多的用户反馈信息,并对信息进行挖掘。当新用户刚刚进入直播间的时候,停留时间就是几秒,直播间文字互动和主播情绪会直接影响到用户是否延长停留的决策。用户在任何时间节点都会进入直播间,整场直播的互动设计会提高单场直播的用户平均在线时长及粉丝增长量。实时在线人数也是衡量单场直播互动有效性的指标。这个是提高直播间效率的关键数值,如果得出值小于 30 秒,基本表明你的观众观看时长低。

5. 直播宣传预告准备

在做直播前,需要进行单场直播的推广性运营,并对单场直播进行剧透性内容预告,对直播的利益点进行图文内容宣传,帮助单场直播增加曝光量,也可通知更多老用户进行直播回看。

6. 直播流量转化准备

不管直播具体目的是什么,但是大致方向都是为了销售,而直播又是及时引流。顾客停留的时间有限,这就要求商家做好充分的转化工作,不能将辛苦引来的客户流失。具体如何将流量转化为销售需要商家根据自己的实际情况,进行打折、发放优惠券、抽奖、赠送小礼品等活动进行。

7. 直播时段和标签选择

(1) 统计 Top 主播直播标签和时段做一个 Top 主播每天的直播时段和选用的标签。这个表格作用是如何最大限度躲开竞争对手,同标签下与其他大主播在同时段直播是绝对不行的,因为大主播一开播就是 Top 权重,所以很多运营为什么会建议新主播选择凌晨直播的原因也在这里,然而现在凌晨直播的新主播多如牛毛了。做一个同类目 Top50 甚至更多的宝贝下架时间表,通过避开爆款的下架时间给自己的宝贝选择一个能占据更多流量的时间点;

(2) "抢"大主播流量:这个类似于店铺运营里的宝贝上、下架思路。如果我们和爆款做同个宝贝,那么我们就是做相同的产品,然后比爆款便宜 1 元钱。前提你必须满足以下条件:

① 更高的图片点击率。这里分两种,一个是相类似的封面更高的点击率,另外一个完全不一样的封面更高的点击率。

② 更好的性价比。如何选择合理的价格区间,从而从竞争对手上争夺流量是个需要经验积累的过程,很多时候大主播的流量流失不会很明显,但是作为新手成长却是每日更新。

(3) 部分重叠的直播时段:因为直播时段流量分配是受到大众影响的,我们以大主播作为参考都不一定准,但是与大主播重叠部分时段是可取的。这里我们优选大主播直播到中后段,峰值达到顶峰后大盘相对稳定,而大部分直播间中后期都会有下滑的趋势的,这时候切入,如果有性价比高的竞品,那可以从大主播上薅羊毛的几率就会大很多。这里归功于目前淘宝直播的用户群高度重叠,一旦大主播的流量被你抢到,标签就会有相似推荐,未来能够得到的曝光率也会更多。

（4）利用鸡肋时间：一天只有 24 小时，关注官方公布的高峰期，对于直播的时间起点，有两种比较普遍的思维，一种是什么时候达到流量高峰什么时候播；一种是什么时候最冷什么时候播。如果是新主播，建议从最冷的时间开始播，如果每天播 6 个小时，选择每天的凌晨 2 点到 8 点，早上 6 点到 12 点，只要这个时间没有大主播在同个标签上，理论上做得好的主播是会随着大盘流量上升的；

（5）换标签：标签很多，大主播就那几个，要么避开大主播的标签，要么避开大主播的直播时段都是主流的做法，如果刚好有空的时间是大主播直播的时间，建议换标签，这是实在没有办法的时候的做法。一般情况下主播都不要随意换标签，如果用的是季节性标签，建议到换季的时候要尽快安排好节奏，提前测试其他标签的流量，避免因为标签突然不见而选到了鸡肋标签，特别是后置标签的流量就太少了。

8. 直播脚本撰写

（1）明确目的：目的不同，制定的淘宝直播脚本计划也会有所不同，所以要明确此次淘宝直播的目的是什么；

① 增加关注度：单纯地增加淘宝粉丝关注度；

② 视角和深度：为受众提供独特的视角和深度；

③ 舆论导向：建立完善正确的舆论导向。

（2）多渠道宣传：根据直播的目的进行海报、软文的设计，并且多渠道宣传。广而告之我们要做直播了，对这个主题有兴趣的亲们都可以来参加，没准还能抽到小礼物。这也是为什么专业直播机构流量往往多于商家流量的原因。普通的商家太过于依赖某一个渠道的帮助，而不是结合各个渠道来增加自己的曝光度和流量。就像上线活动，成熟卖家永远思考的是如何增加付费渠道引入更多的流量，而中小卖家上活动仅仅是为了节省推广费。

（3）反复明确目的：直播中要平均 20～30 分钟讲解、表演、演示，然后用 5～10 分钟来重复自己直播的目的，希望达到的目标或者消费者互动能够得到的好处。节奏的把控很重要，这也是专业主播和业余主播最本质的区别。

① 强调专业性：直播中强调主播身份的专业性、身份的正确性，这样做的目的是加强粉丝信任度，增加粉丝关注度；

② 强调特殊性：直播中强调产品的特殊性、适用性等内容，目的是针对这个产品提供独特的视角和深度，以期提高产品的转化率和客单价；

③ 建立舆论导向：直播中传播对自己有利的舆论导向，其目的是做一些危机公关的处理，因为商家开店可能遇到各种各样奇葩的买家，这个时候也可以利用直播来做一场危机公关，效果也会很好。

（4）结束后复盘：直播结束后要再次宣传、复盘。宣传的内容可以是直播中发生的有趣的事，也可以是粉丝中奖的介绍，当然目的就是唤起没有来直播间的粉丝下次直播要来。而且还要总结出每次主播的优点和问题，如果有不好的地方，都要去改正，这对下次制定淘宝直播脚本计划会有所帮助。

（四）直播中控台操作

如果后台有 300 个在线人数，有 100 人想买东西，200 人想要优惠，要将中控台小喇叭功能用起来，告诉粉丝这个是限时限量的，或者说是粉丝专场，限时可以促使快速成交。如果遇到两款属性、款式都比较相似的产品，要舍弃一个专做一个爆品，这个时候就把中控台的投票功能利用起来，让粉丝进行选择，来达到取舍的目的。

（五）收集粉丝反馈信息

直播结束后，需要在粉丝群里互动，了解都有哪些人买了，哪些人没有买。没有买的人是什么原因没有买，是因为产品本身，还是价格等，对买的人也一定要回访，这样可以增加粉丝的黏度。

通过点击率可以判断这个产品适不适合你的粉丝，如果观看人数有 5 万，商品点击只有 1 万，说明粉丝还没有看你的产品就走掉了。

查看新增粉丝数，新增的粉丝数很关键，如果新增粉丝比较多一定是你做了某些事情促成的，根据不同的新增粉丝数，来确定自己的风格，挑选两场新增粉丝数最多的直播，以后就走那种风格，分析在线时长也可以直接判断出直播内容的好坏。

第五章 服装品类主播专业知识

对于从事服装品类的主播而言，其应具备的专业知识是服装搭配，主要是指服装款式、颜色、图案、风格等方面的相互协调，在总体上实现得体、大方、和谐的效果。服饰搭配得当，能为穿着者打造出各种引领时尚风格、优雅脱俗的魅力女性新形象，而且还可以根据着装者的职业、交友、社交、公关、业务往来等各个方面的需求，结合各种应用场合进行全方位的整体形象设计，以此满足广大人民群众的美好生活愿望。

一、服装搭配基础

（一）服装搭配应知应会

（1）搭配境界：服装搭配需由浅入深，逐渐达到三个搭配境界，即和谐、美感和个性。

（2）个性风格：搭配由经典到时髦，还要有一些匠心独具的别致。不要被流行束缚，穿出自己的个性风格就是最好的流行。

（3）品牌气质：不要被品牌束缚，还有很多内在的东西，如气质等。

（4）混搭出彩：要学会不同款式的不同搭配，不仅要能以 10 件服装穿出 20 款甚至 30 款的搭配效果，还要锻炼出自己的审美品位。

（5）简洁条理：搭配要简单、整洁、干净、有条理，比如可选择精良材质的保暖外套，里面则搭配轻薄的毛衣或衬衫，拒绝臃肿的搭配，即使在冬天也要有不错的线条感。

（6）优雅知性：优雅体现女性的魅力，加上高贵和冷静，就更显气质知性，是女性最优美的风格体现。

（7）潮流淑女：潮流展现现代女性的朝气与魅力，如加上知性和淑女，就更显自信。

（8）可爱甜美：招人喜爱，如加上淑女和成熟特质，就会去除天真的无知。

（9）首饰点缀：服装搭配完成后，全身除首饰以外的亮点不要太多。

（10）潮流元素：新的流行趋势出现时，不要盲目跟风，只要在经典款式的搭配上，加入一些潮流元素即可。

（11）女人味：X形是最美的造型，能衬托出女性苗条、修长的身段，女人味儿十足。但不适合胸腰差小的女性。

（12）同类色：同类色搭配是最容易搭配的，无论是色彩还是细节，相近元素的使用虽然安全却会略显平淡，因此了解如何运用对比元素，巧妙点缀，会有事半功倍的效果。

（13）黑白灰：黑、白、灰色是永远的流行色，但太黑的皮肤最好避免深黑色，而灰色不会太挑人，是安全的选择，白色可以任意搭配。

（14）白衬衣：品质精良的白衬衣是我们衣橱中不可或缺的基础款之一，没有任何衣饰比它更能搭配。

（15）黑短裙：黑短裙是所有女性必不可少的常备款之一，是百搭的首选。

（16）肤色与色彩：学会判断自己的肤色，并寻找适合自己肤色的服饰色彩，逐步建立自己的审美方向和色彩体系，同时选择白色、黑色、米色、咖色等基础色作为日常着装的主色调，再通过饰品的色彩画龙点睛。这样有助于建立自己的着装风格，给人留下鲜明的印象。

（二）服装搭配基本原则

服装搭配的基本原则有很多，其中长与短的比例搭配，在服装搭配中运用得最多。比如中年女性购买上衣时偏向于较长的盖臀款式，因为较长的上衣能够在视觉上拉长穿着者的上身，使其上身显得更加苗条。还有人喜欢选择及脚踝的长裙与30厘米的短裙等，两种裙长反映在人体上，长裙的穿着与短裙就有不一样的效果。同样的人穿着，短裙会给人以性感的感觉，长裙给人以保守的感觉。一般女孩搭配短裙能够在视觉上拉长腿部线条，特别适合身材娇小的女孩穿着，尤其是在距离观察者2米开外的位置。而长裙是高个女孩和腿部线条不是太好看的女性选择之一。矮个女孩搭配超短的热裤和短裙会更好看。

1. 长短搭配

（1）上长下短（155cm以下的女孩不适合）。上长下短的款式搭配方法是上衣能盖过臀部（不宜过长，尤其是比较硬的面料），要以人体的黄金比例为准，上衣下摆位于全身黄金比例位置左右。长短搭配的有点如下：

① 能够修饰臀部过大的女性，遮掩缺点，但应该注意只适合臀部后翘圆滑的女生，如果后翘过度且胯部过于宽大的女性则不适合，腰围特别粗的女性也不适合，会形成水桶腰的效果。臀部位置无序的自然褶皱会暴露臀部的缺点。

② 能够在视觉上让人感觉身材苗条高挑。因为我们在观察人的时候会有一种无意识状态，会不自觉地把自己的视觉集中在人的上半身，会从头、上身、腰到脚的顺序从上到下地进行观察。

（2）上短下长。上短下长是以人体的黄金比例为准，上衣下摆位于全身上黄金比例位置左右。上短下长的优点如下：

① 突出女性修长的腿部，对美腿起拉长效果，特别是对身材上长下短的人来说，这样的搭配能够起到一定的修正作用。

② 短小的上装能够突出胸部，特别是对自己胸部不满意的女性，可以尝试选择短小的上装来突出胸部，上装长度在肚脐左右。

（3）上下一般长。这种搭配过于均衡，如果再有腰带的话，很容易产生拦腰斩断之感。

2. 宽窄搭配

男士要让自己的肩部足够宽广，服装垫肩是必须的，这样能够修正男士的肩部线条，从而塑造出上宽下窄倒梯形的男子汉身材。而女性要塑造出前凸后翘、腰细胯宽的迷人身材，同样涉及到宽窄搭配的学问。

（1）上宽下窄。上宽下窄能使男士显得魁梧，可以选择加垫肩或加宽胸部，以挺实的面料做成的上装搭配较窄的长裤。同样对于胸部偏小的女性来说，短小、较为宽松的上装或高抛袖的搭配，能够在视觉上放大胸部。

（2）上窄下宽：这种形式的服装首先不适合 A 型身材（即梨形身材）的人穿着。而 Y 型身材的女生（上宽下窄的体型）搭配上窄下宽会起到很好的效果，提别是中短裙装搭配。同样 H 型身材的女性也适合此类服装搭配。

（3）上下同宽：需要高超的技巧，一般用超短上衣及外衣敞开进行搭配，还可以从面料材质、颜色、配饰等方面进行对比调和的搭配。

3. 大小搭配

（1）上大下小。适合瘦弱的男生，从风格上来说，宽大的 T 恤是年轻男孩的标配。并不是所有宽大的服装都能让穿着的地方看起来显大，比如 T 恤属于夏季服装，面料偏薄极容易下垂，如果是胸部扁平的女性穿着，反而凸显缺点，所以如果胸部不丰满的话，服装可以选择较挺阔的面料。同样，也可以使用视觉转移法把全身设计亮点转移到其他地方，比如脸、手等地方，让观者的视觉聚焦在这里；此外，还可以运用围巾盖住胸部线条进行掩饰。

（2）上小下大：适合肩部较宽的女性朋友，一般而言，大与小进行搭配能产生很好的视觉效果。比如大腿偏粗、小腿较细的女生可以选择深色的带褶中短裙与黑色打底裤进行搭配，因为短裙会掩盖大腿粗大的不足，而让美丽的小腿露出来，这就是搭配法则中的扬长避短法。

4. 曲直搭配

这里说的直与曲指的是给人感觉上的方与圆，主要是各种款式的线条曲直。一般来说，一件服装上直线与曲线是相结合而产生的，男士多直线，而女士多以曲形构成，这一点要从男女给人的感觉上来说，男人的关键词是力量、肌肉、勇敢与沉稳，而女性给人的感觉是柔情、妩媚、娇美、温柔等，这就是男女体态特征上的差异，也为服饰搭配原则明确了方向。

服装搭配要结合人的具体特征，包括脸型、身材、神态、发质、肤色、四肢等，结合自己的风格，融入流行元素，从穿着场合、季节等多方面进行综合考虑。

（三）服装色彩搭配基本知识

服装色彩搭配不要超过三个颜色，点缀的颜色除外。以下简单介绍与服饰搭配有关的色彩基础知识。

1. 色彩基础知识

（1）三原色（图 5-1）

（2）色彩三要素（图 5-2）

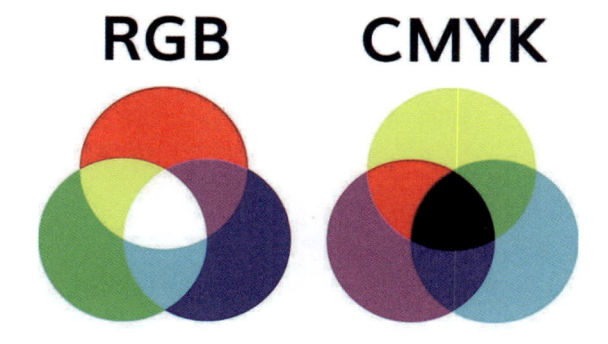

原色：红、黄、蓝
复色：红+黄=橙、红+蓝=紫、黄+蓝=绿
间色：黄+橙=橙黄、橙+绿=棕

图 5-1

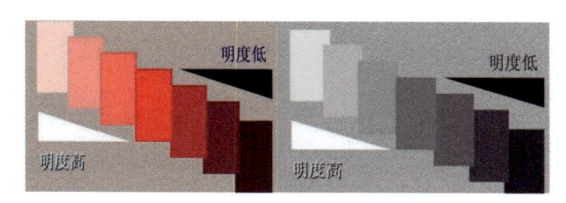

明度：指色彩的明亮度

色相：指色彩的冷、暖属相

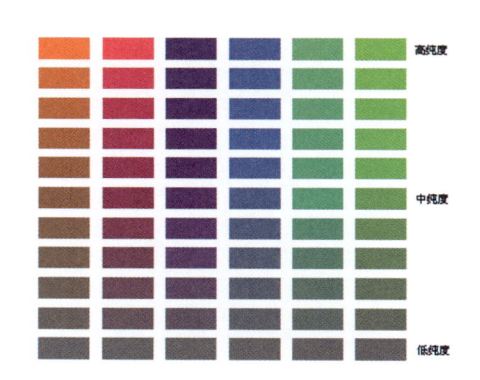

纯度：指色彩的纯净程度

图 5-2

（3）有色彩与无色彩

① 有彩色包括赤、橙、黄、绿、青、蓝、紫；

② 无彩色包括黑、白、灰（深灰、中灰、浅灰）。

有色彩与无色彩的组合对于服饰搭配非常有用，也非常重要，在服饰搭配中，它能起到关键的中性色与点缀色的作用。

（4）色彩的冷暖

除了有色彩与无色彩外，色彩主要分为两大类：冷色与暖色。这里的冷暖色包含了赤、橙、黄、绿、青、蓝、紫的所有色彩，也就是说，每个颜色都有冷暖之分，比如偏向于蓝色的，称之为冷色，偏向于黄色或红色的，称之为暖色，而冷暖色是人类对于大自然的感受所获得的一种认知。色彩的温度能够帮助我们满足各种心理诉求。

① 暖色：见到红色、橙色等色彩后我们会联想到阳光、热血、温暖、膨胀、热烈等。

② 冷色：见到蓝色、绿色等色彩后我们会联想到海洋、天空、冰雪、冷静、理智等。

当明白了色彩的冷暖是基于我们对于物理、心理、生理等各方面综合因素来确定时，就明白了色彩的冷暖定位是相互对比才产生的。因此，每种颜色都有冷暖之别。比如红色偏蓝就是紫色，黄色偏蓝就是绿色，因此，冷暖色的变化是相对的，而非绝对的。最简单的理解就是偏蓝的为冷色，偏红的为暖色（图5-3）。

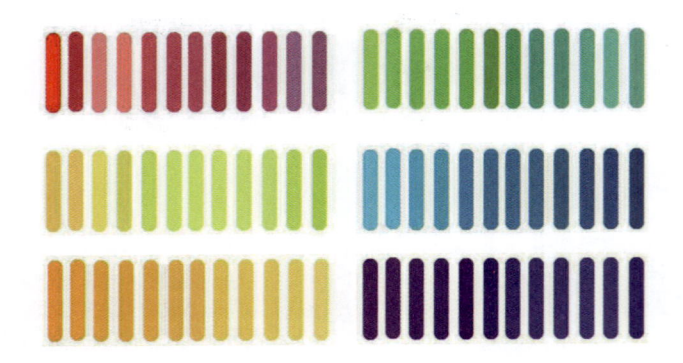

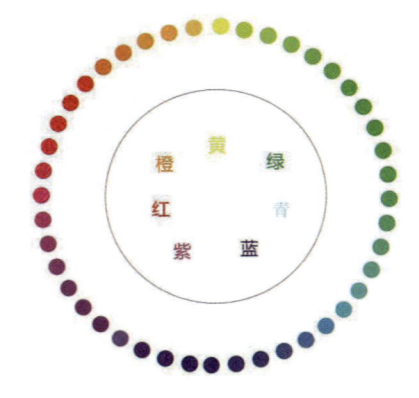

图 5-3

（5）色彩的纯度应用

色彩的纯度也称为色彩的鲜艳度或饱和度，任何颜色掺入黑、白、灰或其他有彩色后，纯度都会降低，如绿色加入黄色就变成黄绿色；绿色加入白色，就变成粉绿色；绿色加入黑色，就变成深绿色。

不同的人群会有不同的色彩偏好，比如年轻人喜欢浅亮色，如浅浅的糖果色等，如图5-4。

成熟性感的女性喜欢色彩鲜艳的高纯度颜色

成熟中青年女性比较喜欢低调含蓄偏浅的低纯度色彩

成熟的中老年女性比较喜欢含蓄偏深的低纯度色彩

图 5-4

（6）色彩的明度应用

色彩的明度也称为色彩的明暗度或深浅度，不同的色彩明度会产生不同的着装效果，如图5-5所示。

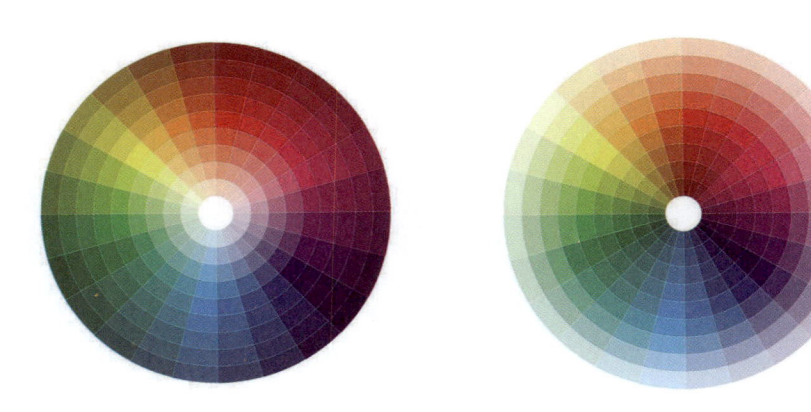

图 5-5

2. 色彩搭配方法

（1）色彩搭配规则（图5-6）

① 冷色+冷色 　　② 暖色+暖色 　　③ 冷色+中间色 　　④ 暖色+中间色

⑤ 中间色+中间色 　　⑥ 纯色+纯色 　　⑦ 净色（纯色）+杂色 　　⑧ 纯色+图案

图5-6

（2）两种色彩搭配（图5-7）

图5-7

① 任何两种颜色不能平分秋色，在面积上应有大小之分、主次之别，一般有2∶8、3∶7和4∶6的比例。

② 选择邻近色作为服饰搭配是一种技巧，邻近色在色相环上最多相距30°，一般邻近色的搭配有：黄与绿，黄与橙，红与紫等。

③ 两种颜色在纯度和明度上要有区别，把握好两种色彩的和谐，必须在色立体上相邻的位置，这样才能互相融合，取得相得益彰的效果。

（3）色彩主次与协调（图5-8）

服装的色彩可根据配色的规律来搭配，以达到整体色彩的和谐之美。全身色彩要有明确的基本色调。主要色彩应占较大的面积，相同的色彩可在不同部位出现。另外全身服装色彩要深浅搭配，并要有介于两者之间的中间色。全身大面积的色彩一般不宜超过两种。如穿花裙子时，背包与鞋的色彩最好在裙子的颜色中选择，否则会有凌乱的感觉。

图 5-8

（4）点缀色（图 5-9）

服装上的点缀色应当鲜明、醒目、少而精，起到画龙点睛的作用，一般用于各种胸花、发夹、纱巾、徽章等附件上。

图 5-9

（5）万能搭配色

黑、白、灰、金、银、牛仔蓝等颜色，可与任何色搭配。

（四）色彩搭配基本小技巧

1. 上、下装色彩搭配：服装搭配的重头戏是上下装的色彩搭配。一般来说，上装颜色深重，下装颜色浅淡是不可取的，这会给人头重脚轻的感觉。但如果身材好，又需要活跃度，可以采用上装颜色浅淡，下装颜色深重的搭配。

2. 格子与图案搭配：上衣是格子图案或条纹图案，那么裙子最好不要是同类图案，而应是单一的颜色。反之，如果裙子是花的，那么上衣则宜配素色服装，除非是色彩较统一的格纹图案。

3. 花式衬衣与外套：与花式衬衣搭配，外套必须是颜色比较干净的单一色，花式衬衣穿在外面，效果会更好。外套如果比较正规庄重，里面的衬衣最好是浅色、素色。

4. 上、下装面料材质：一般比较传统的搭配是上下装面料比较接近。但现在流行不同的面料混搭，如上身是笔挺的毛料，裤子的面料并不挺括，无法塑造出裤线等，也能穿出不一样的感觉。

5. 上、下装式样：上下装款型应趋于一致，如中式女外衣套搭配西装裙，显然不合适，如要混搭，必须在色彩上有一致感。

6. 上下同宽：直筒上衣或宽下摆女式短上衣如搭配宽大的裙子，一般不太合适，除非身材非常好。

7. 品类相同：如运动衣搭配，最好是一套，脚上也应穿运动鞋，这样才显得精神、协调。切忌上身穿制服，下面穿一条运动裤。

8. 面料轻重：如上身为毛衣，那么下身搭配的裤子或裙子也应是较厚重的面料。毛衣里面最好不搭配绸料服装，容易把丝绸服装弄坏，而且与毛衣的质感不协调，如搭配毛麻类衬衣或许更合适。

9. 袜子的搭配：一般袜子颜色与肤色相近即可，但是近年来彩色袜子流行，袜子成为主角的现象越发明显。还有纤细小巧的高跟鞋，一般不搭厚袜子；反之，薄袜子也不宜与球鞋、厚靴相搭配。

（五）肤色与服饰色彩
1. 六大人体肤色
每个人种都有自己独特的肤色，肤色虽然不能选择，但我们可以使自己的肤色在服装色彩搭配的衬托下得到很好的修饰。

在色彩搭配过程中，不断要注意色彩间的相互搭配，还要注意色彩与肤色的匹配关系，就我们国人的肤色而言，有深浅各不相同的近千种肤色。

我们中国人的肤色有自己独特的特征，一般都是微微偏黄，而肤色中又有更细小的分类，这里着重介绍六大肤色以及肤色与服装色彩搭配的关系。肤色有以下六种，分为三大类：

① 浅暖肤色；② 浅冷肤色；③ 中性偏暖肤色；④ 中性偏冷肤色；⑤ 深冷肤色；⑥ 深暖肤色。

第一类：浅肤色（包括浅暖肤色、浅冷肤色）；

第二类：中性肤色（包括中性偏暖肤色、中性偏冷肤色）；

第三类：深肤色（包括深冷肤色、深暖肤色）。

2. 肤色与色彩搭配
在服装色彩搭配中，考虑人体肤色及服饰配件的色彩搭配过程，我们称之为整体形象设计，社会上也把从事这方面工作的人称为形象顾问，因此，色彩搭配必须从人的肤色开始进行，由于上面的三大类肤色中都有冷暖肤色，所以肤色也可以简单分为冷肤色和暖肤色，如图5-10。

从图5-10的两组头像中可以看出，一组皮肤偏黄、偏纯，称为暖肤色，另一组偏蓝、偏红、偏紫，称为冷肤色。一般情况下，如果一个人的肤色两颊红润，不是特别偏黄，我们也可以把这类肤色称为冷肤色。而肤色相对于头发来说，一般情况下，肤色偏白的人的发色比较柔和，肤色偏深的人的发色比较坚硬。如果白肤色配上完全的黑发，那就是天生丽质。而我们中国人属于黄肤色人群，因此，建议在染发时避免染成金黄色，尤其是皮肤偏黑的人不适合染成金黄色，黑色皮肤会更加突出。另外在选择发色时，尽量不用鲜艳度很高的颜色，因为这将更加显出自己肤色的缺点，使整体形象的色彩搭配陷于混乱。在其他的服装色彩书中还会讲到眼球色以及眼白色，当然，这对于整体的肤色有一定影响，但从服装整体搭配上来看，影响较小，这里就不赘述了。

暖肤色

冷肤色

图 5-10

总之，在进行服装搭配时一般选择与自己的肤色冷暖、明度、纯度接近的色彩，换句话说，就是要穿与肤色协调的颜色。暖肤色配暖色，冷肤色配冷色。白皮肤的人几乎能采用 80% 以上的色彩搭配，避免选用深灰色或纯度不高的色彩，这样会使白皮肤的人显得病态。反之，肤色较暗的人不适合鲜艳明亮的色彩（图 5-11）。

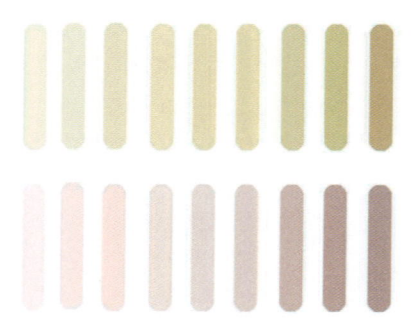

图 5-11 皮肤色标的冷暖色标

（1）肤色的深浅

① 深色调的人：皮肤厚重、肤色较深、眼神深沉。

建议：相对适合偏深的颜色，比如深红色、砖红色、藏蓝色、墨绿色、深棕色等，这些颜色让深色调的人看起来更有气质。发色也建议不要太浅，深冷肤色可选黑色，深暖肤色可选深咖啡色。深色调的人如选择比自己体色更轻浅的颜色，反而会显得自己的皮肤更粗糙、暗沉，看起来没精神（图 5-12）。

图 5-12

② 浅色调的人：肤色白皙、清透、神态轻盈。

建议： 浅色调的人肤色一般都比较白，白皮肤的人驾驭颜色的能力比较强，不过由于本身肤色偏轻，通常穿轻浅的颜色会更衬自己的气质，比如淡粉色、鹅黄色、淡绿色、水蓝色等都是不错的选择。妆面的色彩适合透明清爽的感觉，太深的颜色显沉重和老气。发色上可以驾驭一些偏浅亮的色彩，如浅暖色调的人可以用浅黄色，浅冷色调的人可以驾驭自然灰黑色（图5-13）。

图 5-13

（2）肤色的艳柔度

艳柔度的驾驭不是通过皮肤的白或黑来衡量的，而是取决于五官的清晰度、毛发色的对比度、眼神的力度。

① 艳色调的人：面部五官立体感强，毛发色与肤色对比度强，眼神锐利。这种类型的人通常适合干净清透的色彩，或者饱和度高的颜色，不太适合浑浊的色彩。妆面也比较适合清晰的眼线，饱和度高的口红会让整个妆面非常出彩，彰显出绚丽夺目的个人魅力（图5-14）。

图 5-14

② 柔色调的人：面部五官柔和，毛发色与皮肤色对比度较低，眼神也比较温柔。这类型的人在用色上强调温润感和柔雅感，用色太艳会显得俗气，没有气质，比较适合柔和的米色、雅致灰、柔驼色等加了灰调的颜色。妆面适合更亲近肤色的色彩，比如米色、肉粉色、珊瑚色、大地色等（图5-15）。

图 5-15

3. 肤色的判断

（1）通过血管测试肤色。手腕、手肘，以及太阳穴附近，都可以透过皮肤看到血管的颜色。

① 血管色是橄榄色或者泛绿，那么就是暖色调肤色。

② 血管色是明显的蓝色，那么肤色就是冷色调的。

③ 实在分辨不出，很可能两者兼具，属于中间色调。

（2）利用白纸测试肤色。由于脸部皮肤往往有些泛红，可能会误以为肤色是冷色调的，这有可能是因为日晒。因此，这项测试中最好以颈部和胸部的皮肤作为参照，可将一张干净的白纸放置在脖颈附近。

① 皮肤呈蓝色和粉色调，则皮肤是冷色调的。

② 皮肤呈现绿色和金色调，则皮肤是暖色调的。

③ 如果看不出，则属于中间色调，中间色调的皮肤会随着季节和日晒程度的变化呈现不同的色调。

（3）通过首饰测试肤色。佩戴金色和银色的首饰，也能够测出肤色。

① 金色的首饰更衬托出皮肤色（即更好看），则肤色就是暖色调的。

② 银色的首饰更加适合，则肤色就是冷色调的。

（4）通过皮肤测试肤色。查看自己的皮肤在日晒后的反应，但不要为了做这项测试故意过度日晒。

① 冷肤色调的人很容易晒伤，而暖肤色调的人则不容易晒伤，可根据以往的经验完成这项测试。

② 每次晒过之后都留下晒伤痕迹，那么很可能是冷色调肤色，而如果记不起来有晒伤的经验，那很可能就是暖色调肤色。

③ 如果皮肤既不容易晒伤，也不容易晒黑，或者晒伤后很容易就恢复过来，只是黑一点罢了，那么可能是中间色调肤色。

（5）通过季节判断肤色。夏季和冬季可以认为是冷色调季节，而春季和秋季是暖色调季节。因此在服饰和妆容的选择上可以以季节为参照。

① 夏季：在白纸测试中，皮肤更容易呈现蓝色、红色或者粉色调。头发和眼睛的颜色在肤色映衬下，和冬季对比比较微妙。

② 冬季：在白纸测试中，皮肤更容易呈现蓝色、红色，或者粉色色调。头发和眼睛的颜色在肤色映衬下，和冬季对比鲜明（肤色更白，头发颜色显得更深）。

③ 春季：在白纸测试中，皮肤更容易呈现金色、奶油色、桃色等色调。脸上的雀斑、红润的面色也更加明显。

4. 肤色与四季色调

如何根据肤色色调选择合适的服装颜色？有些颜色基本上放在谁身上都好看，如鲜红色、淡粉色、深浅紫色等；也可以根据季节选择适合的服饰颜色，从而更好地衬托出肤色。

（1）春季：可以选择黄色调和橙色调的服装，如桃色、赤色和珊瑚色（图5-16）。

图5-16

（2）夏季：更适合穿淡紫色或者淡蓝色的服装，粉色调的浅中性色与比较淡雅的色彩比浓烈的色彩更适合夏季（图5-17）。

图5-17

（3）秋季：可以选择偏暖的深色，如咖啡色、焦糖色、米黄色、番茄红、绿色等（图5-18）。

图5-18

（4）冬季：可以选择蓝色调和粉色调的服装，以及比较鲜明的色彩，如白色、黑色、海军蓝等（图5-19）。

图5-19

（5）首饰的色彩

① 冷色调：夏季和冬季更适合佩戴银饰、白金饰品等首饰（图5-20）。

图5-20

② 暖色调：春秋季比较适合金色，秋天尤其适合佩戴金色、黄铜色、铜色的饰品（图5-21）。

图 5-21

5. 肤色与妆容

任何时候都应该选择适合自己肤色色调的底妆。在选择粉底遮瑕产品时，应选择比自然肤色浅一个色号的产品，这样才能起到提亮效果。一般而言，肤色色调会随季节及日晒程度的不同而变化，因此要适当调整妆容底色。

（1）较白的肤色：如果皮肤颜色很白，很浅，则适合浅粉色、茶色、米黄色等化妆品。但要避免使用橘红色。裸色和桃色的口红适合白天妆容，夜间可以选择大红色的口红。避免使用灰色调的化妆品，如白色的眼影等，因为这些颜色会和本身的肤色产生冲突，显得含混不清。

（2）中间偏白的肤色：黄色调和珍珠色的化妆品，以及带有金粉的产品都很适合。

（3）中间偏深的肤色：很多颜色都适合，从鲜艳的颜色到较暗的颜色都可以考虑，可以广泛地进行试色，选择适合的颜色。

（4）较深的肤色：可以选择饱满的金属色调，如铜色，这样能进一步突出皮肤的光泽。腮红和口红可以选择较浅的莓子色，避免黯淡的、灰白色调的颜色。

6. 肤色与发色

选择适合的发色，比服装、首饰、化妆品的色彩选择效果更突出，因为适合的发色可以使皮肤显得更有光泽。

① 暖色调肤色：深棕色的底色、红铜色的挑染都很适合。

② 冷色调肤色：蓝色、红色色调的颜色更衬肤色，可以选择较饱满的棕色、红色或者金色。

7. 肤色与服装基本色

（1）较白肤色：一般不搭配深色服装，搭配较浅或中艳色较佳，如粉色系或中色系的橘、鹅黄、土耳其蓝、橄榄绿等。

（2）红润肤色：一般偏麦色，可搭配蓝色系的亮色，还有如辣椒红、湖水绿、大洋绿、水蓝、柠檬黄等。

（3）浅暖肤色：可搭配卡其色或驼色，这个颜色很容易与其他色融合。

（4）中性肤色：灰色是一个不容易出错的颜色，也非常适合作为服装的主色调，中性灰搭配的延伸性也大，适合中性肤色。

（5）偏冷肤色：偏冷肤色适合如深蓝的冷色系色彩，是很多男士喜欢选择的颜色。但它适合肤色偏红、偏暖色调的人使用。

（6）棕色肤色：不适合深咖色系，但这是一个诚实而沉稳的颜色，与卡其色一样，很适合肤色基调偏黄色及偏暖色调的人。

（7）浅麦肤色：一般搭配卡其色较为合适，建议鹅黄、米白、咖啡、香槟、粉橘、杏黄、苹果绿等。

另外瘦长体型适合搭配较鲜艳的颜色。个子矮的人适合搭配线条简单、素色，强调腰身的服装。找到适合自己的色调深浅和艳柔度后，还需要在款式、面料、图案等方面综合调和。

二、不同场合着装及配饰搭配

场合着装又名 TPO 场合着装，是指依据不同的场合着装规则进行服饰搭配，打造完美形象。TPO 为时间（Time）、地点（Place）、场合（Occasion）或目的（Objective）的缩写。这就告诉人们在着装时要考虑时间、地点、目的这三个要素。

（一）不同场合服饰着装

1. 职场着装
适合工作（非一般的工厂着装）场合穿着的服饰。

2. 休闲场合着装
适合生活、旅游、出行、运动时穿着的服饰。

3. 正式社交场合着装
适合参加会议、晚宴、活动派对时穿着的服饰。

4. 其他场合着装
其他场合，如婚礼、商务、约会、交流、休闲等场合穿着的服饰。

（二）服装配件的不同搭配

服装配件在一定程度上反映了一个人的社会地位、身份、职业、收入、爱好及文化素养、审美品位等。服装配件能凸显时尚感，各种场合的着装要用精致的细节来点缀，精美的胸饰、有特色的帽子、夺目的耳环、流苏刺绣的披肩、艳丽的高跟鞋、别致的手袋、好看的项链、精致的包包等，都是引入流行元素的载体。搭配时选择一到两件即可。

1. 围巾

（1）围巾色彩

作为百搭先锋，围巾可搭配各种颜色的服装，不同色彩可以搭配出不同的味道。如咖色围巾显气质，搭配深蓝色服装会有高级感，搭配粉嫩色系服装有淑女感，搭配柔和的颜色显文静；黑、白色围巾经典百搭，可搭配所有颜色的服装；灰色围巾给人与世无争的安静感，搭配灰色服装显气质，搭配裸色服装显活泼；焦糖色围巾搭配裸色服装显温柔，搭配黑色服装显温暖；亮色围巾显活泼，秋冬季的外套颜色相对沉闷，搭配亮色围巾瞬间会变得亮眼起来，还可减缓厚重感。

（2）围巾图案

围巾图案有很多种，最常见的一种图案是格纹，它兼具稳重与活跃感，英伦风格纹有复古感；经典黑白格纹百搭；彩色格纹搭配同色系大衣效果出众，只要大衣颜色与格纹围巾中某种色彩元素相呼应，就能够完美地打造出整体感；另外拼色围巾也比较常见，新颖的拼色显得整体搭配比较活跃，有看点。

（3）围巾系法

不同的围巾系发会呈现出不同的风格。常见的有一结法、两圈一结法、对折打结法、松结法、脖套法、绕圈圈法。其中两圈一结法既保暖又显得脸小，韩剧中女生经常这样佩戴；脖套法和两圈一结法类似，但是把结藏起来了，效果就像一个成品脖套，显得休闲又时髦；绕圈圈法会显得很文艺，但注意佩戴时不要太整齐，随意一些即可。

2. 帽子

帽子款式要与自身服装风格协调，适合的款式可以修饰脸型，常见的帽子款式有鸭舌帽、贝雷帽、遮阳草帽、宽檐帽、尖头帽、荷花帽等。鸭舌帽最常见，戴起来显得脸型娇小，可搭配休闲嘻哈风格服装；贝雷帽改自军事帽，给人正气的感觉，不适合搭配慵懒的休闲风格服装；遮阳草帽不挑脸型，可搭配休闲连衣裙、T恤牛仔裤等淑女休闲风格服装；宽檐帽有英式名媛优雅的风格，所以可搭配优雅淑女风格服装；荷花帽子比较浪漫，可搭配优雅浪漫风格服装；尖头帽子可搭配可爱甜美风格服装。

3. 腰带

无论是裤子还是裙装，腰带处的点缀都是搭配的重点，特别是如果想要塑造S形曲线，腰带与腰封巧妙的位置设计是关键。此外，针对"小腹婆"，只要小腹不是太大，腰带还可以有遮掩的作用。娇小的人可选择较窄的腰带。不同款式的服装搭配腰带都会呈现不一样的感觉，下面是常见服装款式与腰带的搭配：

(1) 西服+腰带：腰带系在西装外套上，能凸显腰部线条，有女人味，搭配出来的效果极佳。

(2) 连衣裙+腰带：连衣裙搭配腰带最方便，系腰带效果更明显，恰到好处地勾勒出纤细的腰肢。

(3) 丝巾做腰带：带有色彩的丝巾做腰带非常有活力，就如平时系带子一样随便打个结都可以，可搭配牛仔裤或自然风格的连衣裙。

(4) 衬衫+腰带：简洁大方的衬衫可以用一条腰带来勾勒身体曲线，优雅的同时不失时尚感。

(5) 长大衣+腰带：不臃肿，颜色可以是同色系，材质尽量与大衣一致。

(6) 长毛衣+腰带：毛衣既可做内搭也可作为外套，尤其是冬季长款毛衣，如果腰间搭配一条宽腰带可瞬间展现不同的风姿。

（7）裙装＋封腰：将上衣与裙装的分割线提升到胸线下围，在视觉上明显提升身材比例。

4. 包包

搭配包包的难度远胜于穿服装，小包比较百搭，可搭配各种风格的服装，但大包多与休闲装搭配。穿不同风格的服装也要选择不同的包包进行搭配，保守的人不搭色彩艳丽活跃的包包，要保持衣着与包包、面料与颜色之间的相互协调；流行色服装应选流行色调的包包；纯色服装可搭配色彩鲜艳、花哨的包包；编织衫、衬衫等淑女风格的服装，可配一些蕾丝、麻或柔软的棉质"软包包"。一般而言，包的质地应根据服装面料的质地进行相应改变。

（1）包包搭配原则

包包与服装呈同色系搭配，即不同深浅颜色的搭配，有典雅成熟的感觉；包包与服装呈对比色搭配，强烈的对比色可凸显出包包，建议选择小型包包；包包与服装呈中性色搭配，即中性色服装配上点缀色包包，整体色调协调舒服；包包与服装图案搭配，与印花色彩呼应的搭配法，包包的颜色可以是服装印花中的一个颜色，如咖啡色印花裙装和咖啡色包包搭配。

（2）包包与各类服装色彩搭配

白色系服装搭配浅淡色包，色彩柔和协调，轻盈活泼。

蓝色系服装搭配红色包显得妩媚、俏丽，搭配灰色包显保守；搭配白色包更简约；搭配紫色包有都市感。

黑色系服装搭配红色包经典；搭配白色是最佳拍档，永不过时；搭配米色包简约时尚。

褐色系服装搭配白色包有清纯感；搭配红色包鲜明生动；褐色格纹服装与普通的褐色包搭配可体现优雅成熟感。

紫色系服装搭配淡紫色包较为浪漫，不宜与过深颜色的包搭配，适合与颜色相近且不过于明亮的包搭配。

绿色系服装搭配浅绿、浅红、浅黄、浅蓝之类的包有飘逸、自然、清纯之感。

米色系服装简约而含蓄，与职业套装搭配较合适，一般要重视包的款式、气质是否能与之相匹配，不宜选择过于繁复的款型。

5. 鞋子

（1）鞋子搭配原则

鞋子分为很多种，如高跟鞋、平底鞋、松糕鞋等，这些都是日常必备，由于鞋子的面积在占全身面积比重比较小，所以鞋子的搭配算是点缀色搭配。颜色可以与衣服的色彩相协调，也可以选择衣身中其中一个颜色，想要突出鞋子时可以选亮色的鞋子或者对比色，同样也可以利用混搭突出鞋子时尚感。

（2）不同款式鞋子与服装的搭配

尖头鞋和穆勒鞋百搭，可与任何风格的服装搭配，如连衣裙、休闲裤、牛仔裤、阔腿裤、西裤、西装短裙等；

短靴可搭配短裤、西装套装、9分裤、A字9分长裙、大衣、风衣等；老爹鞋百搭，穿搭时建议露脚踝；小白鞋搭配牛仔裤、短裙、波浪裙等休闲自然风格的服装。

6. 首饰

佩戴合适的首饰会让人显得更有气质、更端庄。在社交场合，女性想要将饰品的佩戴效果发挥到极致，首先要了解自己的肤色，不同的肤色合适不同的首饰颜色。暖色调皮肤适合以黄金色调为主，有光泽、明亮的 14K/18K 金饰品、淡黄色珍珠、珊瑚粉色珍珠、钻石等，慎用白金或银质首饰；冷色调皮肤适合以银色、白金为主色调，适合钻石、水晶、亮色宝石、玻璃质感的饰品，慎用黄金类、木制品和铜制品。其次还需要了解以下 5 条首饰搭配要素。

（1）自身体型要素。佩戴任何首饰都需要依据个人的体型进行选择，利用不同款式的首饰掩饰自己体型上的不足之处。

（2）季节场合要素。每一个季节都有属于适合自己的不同色彩，因此佩戴首饰时，首饰的颜色也应与不同的季节相吻合。一般佩戴与季节色调相反的颜色能起到很好的效果，像金黄、橙红的暖色调适合冷季佩戴，而银白的冷色调则适合暖季佩戴。

（3）数量上以少为佳。戴首饰数量上的规则是以少为佳。若有意同时佩戴多种首饰，不应当在总量上超过三种。除耳环、手镯外，佩戴的同类首饰最好不要超过一件，新娘可以例外。

（4）质地遵从同质。佩戴的首饰其质地尽量同质。若同时佩戴两件或两件以上的首饰，应使其质地相同。戴镶嵌首饰时，应与其被镶嵌物质地一致，托架也应力求一致。这样的好处是在总体上显得协调一致。注意，高档珠宝首饰多适用于隆重的社交场合，比如晚宴、婚礼，但不适合在工作、休闲时佩戴。

（5）与服饰相协调。首饰搭配的规则是尽可能与服饰协调。首饰应视为服装整体上的一个环节。要兼顾同时穿着服装的质地、色彩、款式，并努力使之与首饰在搭配、风格上相得益彰。

7. 内外三件套搭配

日常生活中最常见的三件套搭配服装多是卫衣、运动装、西装、毛衣、大衣等，其风格不同，各具特色。

（1）三件套搭配形式

① 春、秋季的搭配。春秋季三件套的搭配可以任意组合，也可以成套搭配，如卫衣（运动装）形式显得干净利索，舒适方便，适合外出或运动时穿着。一般适合搭配墨镜、帽子、运动鞋等，还有小外套搭配中长裙和七分裤等。

② 春、夏季的搭配。春、夏季可以选择 T 恤衫和短裤或短裙搭配，再配短袖长款马甲或短小外套等，显得时尚，并且便于行动。中年人比较适合类别相同的三件套成套搭配。

③ 冬季、深秋、初春季搭配。这几个季节三件套的搭配组合多是羽绒马甲搭配毛衫或卫衣，短款羽绒马甲搭配牛仔裤或阔腿裤，内搭毛衣。长款羽绒服得或马甲搭配紧身裤和靴子，显得干练精神。

④ 男士三件套搭配。一般多是成套西服与紧身小马甲的搭配，在正式场合时佩戴领带显得精神和正规。还可以将西服上衣换成燕尾西服或长款西服，显得有绅士范，可以搭配不同颜色的西裤。

三件套的搭配方式有许多种形式和风格，要根据自己的审美和出入场合选择，可以用 T 恤、牛仔、外套、外搭、风衣等自由搭配，但注意内外颜色搭配最好选同色系。

（2）三件套搭配案例

① 西装、衬衣、短裙搭配。同色西装与白色衬衣和同色的短裙搭配，既突出主题，又传统，显得精神。白色的衬衣可以打破颜色的单调，给人视觉上的冲击感，修身的裙子能够突出女性的完美曲线，当然也可以用百褶裙进行搭配。

② 毛呢、衬衣、短裙搭配。浅色的毛呢翻领上衣给人以温暖的感受，中性色衬衣和短裙搭配非常耐看。

③ 牛仔、T恤、西装搭配。简单西装式休闲外套与浅色T恤加白色牛仔修身裤，显得人干净利落，非常清新。

④ 深色外套、衬衣、短裙搭配。深色的外套对内搭有很多要求，如果颜色过于鲜艳，就会看上去非常不和谐。所以通常搭配一件浅色的衬衣中和一下颜色，再搭灰色的格纹短裙，配一双黑色高跟鞋，更有气质。

⑤ 艳色毛衣、衬衣、短裙搭配。如红色毛衣给人温暖的感觉，加上浅色衬衣的搭配效果更好。红色针织开衫的设计，增加了毛衣的活泼感，搭配一条棕色的格纹裙又有着一丝成熟，体现了短裙的优点。

⑥ 浅色外套、衬衣、短裙搭配。简单宽松的白色衬衣非常清新可爱，搭配高腰的修身格子裙，增加细节感的同时又显得时尚。对于这样的穿搭还需要一件白色外套，休闲的同时增添一丝成熟感。

⑦ 黄色系毛衣、衬衣、短裙搭配。洋气的黄色毛衣有很好的质感，可以选择简单的毛呢格子裙的搭配，再配浅色衬衣，能够增加保暖度，简洁干练，整体协调舒适。裙身的格子图案突出裙子的质感，配上一双高帮的帆布鞋，非常时尚，还能衬托出腿部的线条。毛衣宽大的版型对身材要求不高，而裙子能够遮挡小肚子。

⑧ 长毛衣、T恤、短裙搭配。长毛衣给人厚实的感受，黑色的内搭非常显瘦，毛呢裙又修饰身材。宽大的毛衣对身材具有包容性，能够很好地将内搭裹挟在里面，显得非常时尚耐看。

⑨ 格子毛呢毛衣搭配短裙。秋冬季节的格子外套特别受欢迎，休闲又不失女人味，内搭可选择纱质的毛衣，非常优雅，同时毛衣面料舒适，保暖效果好，格子外套再搭配一条格子半身裙，简约时尚。

三、个人形象风格与服饰搭配

主播的个人形象风格代表了主播对自己的期望，会影响顾客对主播的认知，能体现主播身材、脸型及气质特征的服饰搭配就是最好的搭配。

个人形象设计涉及体型，脸型，服装色彩、款式，穿着场合，配饰，妆容，以及个人气质等。得体的装扮、良好的形象是主播的名片，也是主播成功的关键。

（一）五大体型

（1）草莓型（T形）。简单的说就是肩宽比臀宽更大，上半身的体积感也明显比下半身的体积感要强。

优势：天生就有大将之风，可以很自然地把服装撑起来，穿出时尚主播深具自信的架势。

（2）梨型（A形）。腰部以下的臀部以及胯部相对于上半身会显得更为丰满，也可以理解为臀宽比肩宽更大，并且有溜肩现象。

优势：在东方是标准媳妇的不二人选，穿裙装丰姿绰约的模样充满了女性魅力。

（3）可口可乐型（X形）。整体轮廓线条比较明显，并且线条感柔和平滑，臀部有明显的线条感，有腰身，并且拥有比较丰满的胸部，这种身材可以定为可口可乐型。

优势：天生是个衣架子，更需要穿对服装来展现主播的气质。

（4）丝瓜型（H形）。这类体型无明显的腰身，肋骨和臀线看起来象一直线。臀部通常扁平而窄小，肩膀又直又方。胸部也不会很丰满，没有明显的线条感。

优势：曲线刚柔并济，穿着打扮可以很中性，也可以很女性化，可以发挥创意的空间很大。

（5）加厚型（O形）。肩膀窄，臀部宽，腿部细，整体呈现椭圆状的体型，几乎没有优势。

（二）体型的修饰

（1）纵向分割：纵向分割可拉长身高，间接显瘦，如竖纹三条以内显瘦，过多过密纵条纹则显胖。大多实践表明，竖纹超过三条，显瘦效果开始弱化，一条或两条的竖纹瘦身效果最好（图5-22）。

图5-22

（2）横条分割：横条纹显瘦，条纹粗细在 2.5cm 以下，数量在 20 条以上的细横条服装，会产生奇妙的显瘦效果（图 5-23）。

图 5-23

（3）不对称款式：不对称的侧绣花或面料拼接，都会掩饰丰满的体型（图 5-24）。

图 5-24

（4）斜向分割：斜线或斜向分割的倾斜度越大，线条越长，越易显瘦（图5-25）。

图5-25

（5）碎花：碎花比大花显瘦（深色比亮色显瘦）（图5-26）。

图5-26

（6）下摆长度：下摆的位置决定了服装是否显瘦、腿是否显得修长及纤细（图5-27）。

图5-27

（7）腰线：腰线越高越显瘦（腿长）（图5-28）。

图5-28

（三）十大主体风格

（1）古典风格，又称为传统型、保守型风格。总体给人的印象是端庄、高贵、严谨、传统。关键词：端庄、传统、精致、高贵、成熟、直线、精致、经典。选择适合自己的色彩群中偏理性化或淡雅的色彩。避免流行的、随意的、可爱的、过于夸张的服饰风格（图5-29）。

图5-29

（2）优雅风格，又称温柔型风格。总体给人的印象是内秀而柔美、温柔文静的小女人味。关键词：优雅、温柔、精致、女人味、小家碧玉、成熟、曲线、柔美、风度、恬静、温婉、娴雅。避免有力度、直线感、过于个性或可爱的服饰风格（图5-30）。

图5-30

（3）知性风格，又称为理智型风格。总体给人的印象是高知、性格沉稳。关键词：理性、优雅、温婉、高贵、个性、自强（图5-31）。

图5-31

（4）浪漫风格，又称为华丽型、性感型风格。总体给人的印象是华丽多情的，性格夸张而大气，富贵感很强。关键词：大家闺秀、华丽、夸张、迷人、成熟、曲线、女人味、艳丽、热情、性感（图5-32）。

图5-32

（5）淑女风格，又称为温婉型风格。自然清新、优雅宜人是淑女风格的概括。蕾丝与褶边是柔美新淑女风格的两大时尚标志。关键词：亲切、小资、妩媚、女人味、瑞丽、秀美（图5-33）。

图5-33

（6）可爱风格，又称为甜美型风格。总体给人的印象是甜美、可爱、天真无邪，性格活泼好动。关键词：可爱、圆润、天真、年轻感、曲线、甜美、娇小、调皮、惹人怜爱。选择适合自己的色彩群中柔和的、浅淡的、偏可爱的颜色。避免成熟、夸张、随意、直线的服饰风格（图5-34）。

图5-34

（7）前卫风格，又称为帅气型、干练型风格。总体给人的印象是利落干练的中性味道，性格直爽外向、活泼好动。关键词：帅气、干练、利落、中性、年轻、直线。选择适合自己的色彩群中明快、有韵律感的色彩。避免多皱的、华丽的、松散的服饰风格（图5-35）。

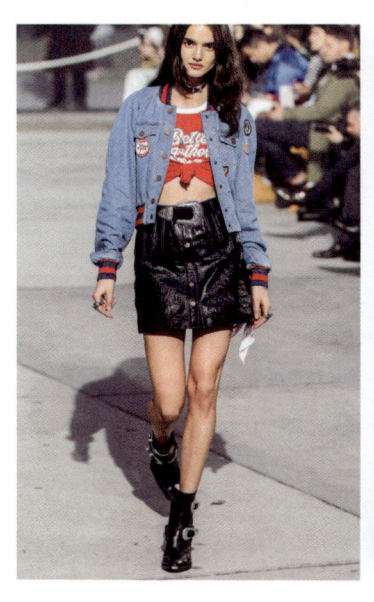

图5-35

（8）戏剧风格，又称为夸张型、艺术型风格。总体给人的印象是夸张大气，在人群当中很引人注意，存在感很强。关键词：夸张、大气、醒目、存在感强、成熟、直线、扩张、抽象、艺术感、激烈。 选择自己适合的色彩群中较为饱合、可以产生对比效果的颜色。避免平庸的、不成熟的、可爱的服饰风格（图5-36）。

图 5-36

（9）中性风格，中性服装属于非主流的另类服装，性别不再是设计师考虑的全部因素，介于两性中间的中性服装成为街头一道独特的风景。关键词：帅气、硬朗、利落、精干、简洁、理智、威严（图5-37）。

图 5-37

（10）自然风格，又称随意型、亲切型风格。。总体给人的印象是自然随和、亲切大方。关键词：潇洒、随意、朴实、成熟、直线、亲切、素雅、民俗。选择自己适合的色彩群中柔和自然、不刺激的颜色。避免华丽的、夸张的、可爱的服饰风格（图5-38）。

图5-38

（四）场合着装与搭配

场合着装的三大标准为时间、地点、目的。场合着装的三大要素：职场重领袖、休闲重色彩、社交重材质。

（1）重要场合。严谨、冷静、庄重、严肃。不论从事什么行业，着装尽量以正装为主。一般有商务谈判、大型会议、出访迎宾，以及其他各种隆重严肃的庆典活动（图5-39）。

图5-39

（2）通勤场合。上班途中是最能体现自我的场合，不管从事什么行业都要有专业度，不要穿着过于休闲的服装，尤其是破洞太大或露肩太夸张的服装。尽量选择套装来搭配，颜色选择黑、白、灰一定不会错（图5-40）。

图5-40

（3）职业场合。办公场合服装应尽量低调、优雅、朴素、大方、整洁，避免色彩过于鲜艳或奇装异服，职场裙装首选铅笔裙和直筒裙（图5-41）。

图5-41

（4）派对场合。喜庆、热闹、欢快、仪式感强。各式晚会、舞会、节庆集会及婚礼活动等，穿着应色彩明快、装饰感强（图5-42）。

图5-42

（5）交友场合。亲友聚会、约会等（图5-43）。

图5-43

（6）隆重晚会。可以搭配一些亮色的配饰，例如包包、丝巾、首饰等，给个人形象带来活力（图5-44）。

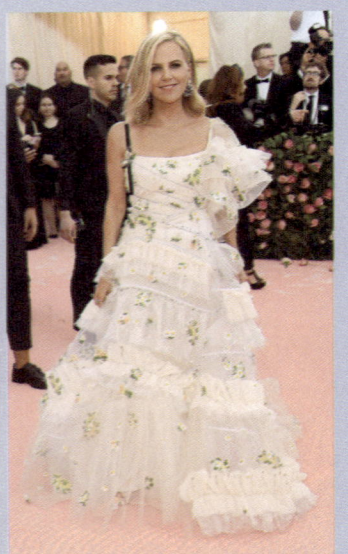

图5-44

（7）肃穆场合。探视危重病人、参加葬礼、扫墓之类的活动。在这些场合一定要穿深色或素色的服装、鞋子，手提袋也应是暗淡色的，一般不化浓妆和佩戴闪亮装饰品。

（8）活动场合。街市商店、车站码头、公园、影院等公众活动的场所，穿着以大方、方便、舒适为原则，可带有自我个性，如黑白色、裸粉、浅蓝等这些偏柔和的色系都可以搭配，但不宜穿着过于暴露或带有家居感的衣裙（图5-45）。

图5-45

四、服装与面料的鉴别和保养

本节以提高直播间的服装主播们的专业服装面料鉴别、保养及质量的认识为基本出发点，要求各位主播具备基本的服装面料的识别、检验、选购和保养能力。

（一）服装面料基本知识

1. 面料按照结构分类

面料按结构分为梭织面料和针织面料。梭织面料是利用纱、经纱，有系统地纵横交错而成，衬衫、西装等属于此类；针织面料是由一行一行互相交织的线圈紧扣一起，T恤及毛衫属针织面料的一种。

2. 面料按照纤维类别分类

面料按照纤维类别可分为天然纤维面料、合成纤维面料和人造纤维面料。天然纤维面料包括棉、麻、毛、丝；合成纤维也叫化纤面料，包括涤纶、锦纶、维纶、腈纶、氨纶、丙纶、维纶等；人造纤维面料包括黏胶纤维面料（人造棉）、醋酸纤维面料（手感类似针织），铜氨纤维面料（手感类似针织），这些天然纤维素高分子经过化学处理，不改变它的化学结构，仅仅改变天然纤维素的物理结构，称为人造纤维技术。

除此之外还有功能性面料：包括防辐射面料、抗静电面料、防水面料、阻燃面料、速干面料、防紫外线面料等。

（二）常用面料的鉴别方法

1. 天然面料鉴别（燃烧法）

（1）羊毛鉴别：燃烧后徐徐冒烟起泡，发出毛发燃味，灰烬黑焦碳状、易碎。

（2）真丝（桑蚕丝、丝）鉴别：燃烧慢，燃烧时缩成一团并飞溅，时有丝丝声，发出毛发燃味，灰烬为松而脆的褐黑色颗粒。

（3）亚麻类鉴别：燃烧时有爆裂声，有黄色火焰及蓝烟，会发出纸或草燃味，灰烬少、呈灰白絮状。

（4）棉类鉴别：燃烧很快，产生黄色火焰及蓝烟，有燃纸味，灰烬少、呈软灰黑絮状。

2. 常用化纤面料鉴别

（1）涤纶类鉴别：燃烧时卷缩、熔化燃烧，呈黄色火焰，冒黑烟，灰烬为黑褐色硬块。

（2）锦纶类鉴别：燃烧时一面起泡化滴落，一面缓慢燃烧，无烟或略有白烟，火焰很小且呈蓝色，灰烬为浅褐色硬块，不易捻碎。

（3）腈纶类鉴别（人造羊毛、人造毛、合成羊毛等）：燃烧时一面熔化，一面缓慢燃烧，火焰呈白色，明亮有力，有时略有黑烟，发出鱼腥臭味，灰烬为黑色小珠状。

（4）黏胶纤维类鉴别（人造丝、人造棉、人棉等）：燃烧很快，产生黄色火焰，燃烧夹杂化学品味，产生少许灰白灰烬且易碎。

（5）醋酸纤维鉴别：熔融燃烧，发出刺鼻醋味，灰烬呈硬、脆不规则黑块，可用手指压碎。

（三）服装保养基本常识
1. 服装保养简单方法
（1）纯棉衣物收藏法：纯棉织品是天然纤维，具有吸湿性强、耐酸耐碱的特性，因而纯棉衣物必须洗净晾干，放入樟脑丸等防虫剂收藏。

（2）花椒防衣物虫蛀法：将30粒花椒包在薄纸里，放入存放裘皮制品或呢绒料的衣箱内，可防虫蛀。

（3）牛仔裤防褪色法：将新买的牛仔裤浸泡在浓盐水中1~2小时即可防褪色。

（4）微波炉防羊毛衫蛀蚀法：羊毛衫洗净晾干后，放进微波炉内处理2分钟，至温热的程度，待冷透后套进塑料袋中，就可达到防蛀的目的，不必再放樟脑丸。

2. 特殊服装的鉴别与保养
（1）羽绒服

羽绒服的真伪区别很大，好的羽绒服一般都含90%绒，羽绒呈立体绒球状，外型酷似蒲公英花瓣，真正的羽绒因质地轻、弹性佳，是理想的衣被材料。羽毛虽然抗压性强，但保暖度相对差，常被用来做为枕头材料。我们还可通过"抓""揉""闻"3种鉴别方法。

①抓：这样可测试羽绒的蓬松度，如果羽绒能快速弹回就代表品质好。

②揉：借此感受羽绒比例，若搓揉时明显感到刺手，代表羽毛含量比例高。

③闻：可以分辨羽绒是否充分清洗消毒，避免产生臭味。

羽绒是动物纤维，要尽可能避免接触水气，水洗后一定要马上阴干保养需注意：

①羽绒类制品最怕高温，当温度达到160℃时，就会变形，原因是羽绒服多采用锦纶等化学纤维做面料，锦纶织物耐热性极差，所以最好不要靠近热量充足的地方。一个小小的烟头、一颗细细的鞭炮，都足以给羽绒服带来致命的伤害。

②冬天过后收藏羽绒服时，应用透气性好的包装袋套封起羽绒服，存放在干燥处，防止发霉。

（2）皮革服装

真假皮革鉴别：

① 手摸：即用手触摸皮革表面，如有滑爽、柔软、丰满、弹性的感觉就是真皮，而一般人造革面发涩、死板、柔软性差。

②眼看：真皮革面有较清晰的毛孔、花纹，黄牛皮有较匀称的细毛孔，牦牛皮有较粗而稀疏的毛孔，山羊皮有鱼鳞状的毛孔。

③嗅味：凡是真皮都有皮革的气味，而人造革都具有刺激性较强的塑料气味。

④点燃：从真皮革和人造革背面撕下一点纤维，点燃后，凡发出刺鼻的气味，结成疙瘩的是人造革，凡是发出毛发气味，不结硬疙瘩的是真皮。有了上面4种基本的识别方法，对比鉴别人造革、合成革就显而易见了。

皮革保养：皮革吸收力强，应注意防污，高档磨沙真皮尤其要注意，另外需注意：

①每周一次用干毛巾沾水后拧干，重复几次进行轻拭。

②若皮革上有污渍，用干净湿海绵沾温性的洗涤剂抹拭，然后让其自然风干。正式使用前可在不显眼的衣服角落试用一下。

③如在皮革上打翻饮料，应立即用干净布或海绵吸干，并用湿布擦抹，让其自然干切勿用吹风筒吹干。

④若沾上油脂，可用于布擦干净，剩余的由其自然消散或清洁剂清洁，不可用水擦洗。

⑤不可将存放皮革制品的家具放在阳光下曝晒，将导致皮革干裂和褪色。

（3）羊绒（羊毛）大衣

服装的鉴别：

①查看商标：羊绒大衣都会有商标标明羊绒含量，如果是羊绒和羊毛混纺，也会标明羊毛的含量。和其他的织物混纺也是同理，都会标注出来。如果没有，则可能是假货，需谨慎购买

②看光泽：将羊绒大衣放在灯光下或其他光亮的地方，真正好的羊绒大衣色泽鲜亮，颜色均匀，毛质细腻，绒面丰满，在灯光下会有一点发亮的感觉。

③摸质感：羊绒大衣手感柔软，毛质顺滑，相当舒适，差的羊绒或羊毛大衣毛质粗糙。但是商场里有些羊绒衫，摸上去很滑，摸完后手指搓搓还有滑的感觉，那是衣服上面撒了滑石粉，要小心辨别。

④掂一掂重量：羊绒含量高的大衣一般不会太重，衣服整体轻薄、手感柔软不扎手。

⑤燃烧检验：羊绒和化纤织物的区别是：

羊绒含有大量蛋白质，闻一下气味，看一下灰烬，如有烧焦羽毛的气味，灰烬用手指一压即碎，就是纯羊绒；如无烧焦羽毛的气味，灰烬压不碎、结块，则是化纤织物；而羊毛燃烧时也有蛋白质与火石的焦臭味，但纤维灰因华纤的燃烧而速收缩成球状。

服装的保养：

① 口袋装满东西后就会变形，所以外出归来后，应养成及时取出口袋里东西的习惯。

② 要经常清除沾在大衣上的灰尘（不能用刷子刷，市场上有一种羊毛衣服专用的辊子，清除这样的灰尘效果极佳）。

③ 每周一次，在天晴无风的中午，将羊绒大衣晾一个小时，以保持干爽，并轻轻拂去灰尘。

④ 最好能二、三件大衣轮换着穿，不穿时应挂在通风干燥处。

⑤ 羊毛的特点之一就是具有极好的弹性，只要给予足够的湿度，就可以恢复到从前的样子。久穿或长期叠放的大衣出现皱褶时，可挂在洗过澡后的浴室，经过一晚之后再晾在通风处，就能 恢复原状，如新烫过一样平整。或将蒸汽电熨斗调到低温状态，在距离羊毛大衣 1~2cm 处进行熨烫。也可以将一条毛巾盖在羊毛衫上再熨烫，这样既不会伤到羊毛纤维，也不会留下熨烫的 痕迹。

（4）丝绸服装

丝绸的强力较高，耐磨性较好但纤维过细，应忌硬伤，凡与粗糙带毛刺的物质接触，往往会使丝绸"跳丝"而造成损伤。

①丝绸夏装一定要避免与含碱的物质接触，碱对丝绸的破坏力较大，同时，丝绸受盐的影响也比较大。

②人体汗水中的盐分可使浅色丝绸的夏装泛黄赤色的斑点，所以夏装穿丝绸应注意经常洗

涤，保持其表面的清洁。

③洗涤丝绸服装最好选用中性皂片或高档洗涤剂，可先用热水溶化皂液，放凉后将丝绸服装浸透。用手大把搓揉（注意不能用搓板搓，更要避免拧绞）。洗后将皂液洗净，不然易发花。洗涤深色的丝绸服装只能在净水中反复洗漂。

④洗涤颜色鲜艳的丝绸服装时，为避免掉色，可放少许盐。因丝绸在阳光的紫外线作用下易脆化，加之丝绸的色泽牢度较差，故洗完不能置于阳光下曝晒，应挂在通风处阴干。

⑤丝绸服装在晾到八成干时，以白布覆盖衣面，用熨斗熨烫，温度不可高于130℃，否则丝绸会受损伤熨烫时不必喷水，以免出现水渍痕。

⑥收藏时，首先应把衣服洗净，最好熨烫一遍，可以起到杀菌灭虫的作用。衣柜衣箱要保持清洁、干燥。丝绸衣服质地较薄、柔软、怕压，可放到衣服堆的上面，浅色的丝绸衣服最好用细白布包存放，以防风渍、黄渍。丝绸类服装中不宜放卫生球，否则白色会泛黄。柞蚕丝不宜与桑蚕丝放在一起，因前者会使后者变色。

五、主播开播路径案例解析

这部分对直播程序结构进行解析（中腰部主播以上直播程序策略）。

（一）开场白

（1）招呼：晚上好！周末愉快，周六，晚上7点开播了……；

（2）抽奖、优惠、赠送、免费等提醒：来先给大家抽个奖：***号女装（男装）上新***号的名称：***商务通勤新潮女装；并提醒：不要打错字，给大家抽个奖，这时助理配合主播把手机放在屏前秒读：5、4、3、2、1（活动1分钟左右），后续直播中将每隔10分钟左右不断提醒；

（3）整理妆容、公布奖券结果、送出奖品（男主播可以聊些自己的着装搭配）：可以在中间播些打扮的细节，如带美瞳整理发型等，或带好围巾等，中间插入手机屏幕，公布抽奖结果，主播公布：如钻粉送一件服装，新粉送一个饰品等，助理公布什么粉的名字，这段可以调节气氛。主播还可表扬一下粉丝的打字、积极参与等（活动时间2分钟）；

以上开场白控制在10~15分钟。

（二）商家亮相

1. 主播介绍

介绍商家有多少件新品，可让商家也上场暖场，并让商家说明有什么优惠的商品，助理也可以上场。

（1）可聊一些主播及助理在收获中的一些进程，如看到好服装，有些谈不拢，则今后再努力，而有些谈的好的就可展现出来，强调吸粉的艰辛，并在直播间讨论一些与商家有关的内容，并暗示如果有好东西，一定要找到我，我可以团购，给我的粉丝带来实惠，比如小的家用电器，吹风机等。

（2）介绍几个好的商家，并在线上直接报出，并表示当前有几个商家已经联系了我们等等。

以上程序约 3~5 分钟。

2. 展示宝贝（小饰品预热登场）

（1）展示饰品及服装，并让摄影师拉近拍细节，说出 ** 号宝贝，多少价钱，"才 100 元喔"等；

（2）举例 ** 人，花了 200 元买了这个货品；

（3）再回来拍细节，介绍这个 100 元的优惠价格，助理配合主播介绍这个产品共有多少件，某些局部细节如何如何；

（4）然后秒杀：5、4、3、2、1 开拍，主播让助理手持 *** 号宝贝，开始介绍，一共多少件，强调总共多少件，并再一次介绍这款特别的细节，以此配合大家快速购买。

以上程序约 3~5 分钟。

3. 介绍模特穿的服装

（1）介绍 ** 隆重登场，模特穿衣上场在后面展示动作；

（2）让助理拿过几款自己喜欢的服装，准备试穿，提示 ** 号宝贝，并翻开商标吊牌（后面模特可整理造型）注意：在主播介绍商品时，模特摆造型，2 人中，必须有一个人动，一个人不动，主播讲解时，模特少动。

（3）主播让粉丝注意，"现在是秒杀价格的 5 折，原价 200，现价 100"等，之后再倒计时；

（4）倒计时结束后，再介绍服装，比如：增加了加长款等，约 5 分钟，并将加长款与短款进行比较，也可以手拿衣架上的服装进行介绍，或穿在人台式模特身上介绍，并介绍共有几种配色款式。

4. 正式装上场（也可以主播穿在身上）

（1）介绍服装名称及长短等：主播展开身姿，先简单介绍这款的长短、合身程度及保暖、凉爽等功能；

（2）介绍面料的特点：如加绒的、外面柔滑的全毛等，最好与别的面料进行比较，给大家看看，上面如何，下面如何，我们的货品更加贴身、保暖等；

（3）介绍服装局部：如领子、门襟、口袋等，中途需要问助理要配饰、帽子、围巾等并搭配一下，然后再一次强调 ** 服装上新，每个月 2、6、16 号下午上爆款等，同时做造型（或后面模特做造型）。

5. 其他服饰搭配

再回到服装上面，下面搭配什么裤子，再换一下高跟鞋等。

（1）整体款式及其他色款介绍：如红色、粉红等色彩及图案等介绍；

（2）倒计时读秒：继续关注左下角几号宝贝（此时可与助理互动）；

** 号，** 线，5、4、3、2、1，开抢多少件，同时介绍裤装等。

以上程序控制在 5~10 分钟。

6. 回顾（第二件上场前回顾前面开场宝贝）

（1）每个宝贝的号码、数量、价格；

（2）重复一下前面正式款式，并加件外套介绍；强调很多款型的外套都能与其搭配并稍微摆出造型，再强调细节图纹，比如细纹、格纹等，再将这件外套宝贝进行秒杀（如卫衣款打底款等等）

强调老粉丝买回去绝对好看的道理，并播出还剩余多少件，强调一定要拍主款。并介绍以前推过的某些产品也非常不错，与这件一样，然后很自然地在手机中找出给大家看，也可以通过其他形式拿出来讲解，强调自己的货品不过时。

7. 第二波开始介绍

（1）预热：拿出一款整体搭配的首饰，强调此款的细节，并重点拍摄细节。每一款饰品都简单介绍一下，如某一款在去年也出现过，同时与助理互动，再讲一讲主款与鞋、饰品、包等的搭配，还可以讲一些搭配技巧等；

（2）第二波主款：主播可以自己去拿，这时助理拿着手机上来讲一些前面介绍的拍品；

（3）主播穿好服装上场：介绍一下，后面模特又上来，再讲一讲这件服装的特色，中间插播一些其他钻粉的名字，并把手机画面给大家看，同时助理讲出明天或后面几号晚上就要播这个款，并通知后台小哥切换等等。主播手机屏上方有个广告栏，可显示某日开播预告。

8. 强调关注（把顾客当亲人）

（1）随机抽眉笔，不要忘记点关注，并弄一个好听的口号，抽几个人送眉笔，并聊些日常，同时告诉顾客什么时候抽奖，抽奖时展示手机（规则不能打错字）等；

（2）主播助理在把手机给大家看时，需要报出中奖者的名字，中奖者联系客服时，主播还需要继续直播介绍新产品；

（3）主播可套上几件看看，如打底毛衣及配这件服装的外套等；

（4）主播告知几点到几点上什么产品，同时穿着主要的款式给粉丝参考，可轮番先试穿一下，中间要强调关注，多介绍款式的特点以及如何穿搭、有什么效果等；

（5）中间开播耳环等饰品时，要介绍可搭配的所有内容，主要是搭主款服装，介绍这件服装的现货（备货）及加厚款等，用简单的描述语讲述手感及各种功能；中间再回到耳环等饰品，如几号项链，多少钱，数量很少，再倒计时……这个过程持续5分钟左右。强调某个款型数量少；

（6）服装材质的厚薄，如冬天很冷时，需要内穿保暖内衣，助理要不时提出关注，主播应不时提出自己推荐的产品没有了。之后介绍今晚的秒杀产品，然后再讲第二次，推荐的副产品，如项链，近景拍摄细节。

9. 其他产品细节顺序

（1）求关注；

（2）优惠券——信息发布；

（3）介绍某环节；

（4）介绍某款。

① 款名；

② 面料（如毛料成分，并进行描述）；

③ 最明显的特点；

④ 夹里介绍；

⑤ 总共有几个色（色彩用大家都理解的色，如南瓜色）；

⑥ 3~5 分钟提醒一下（关注）；

⑦ 要求粉丝加链接；

⑧ 优惠券穿插；

⑨ 货品货真价实。

10. 介绍话术技巧

（1）尺码介绍；

介绍有多少尺码，每个尺码相对应的人体重，身高多少，还可定制等；

（2）色彩：如紫红色，大气、漂亮（简单介绍）；

（3）主款：不同色号介绍，展示服装的正面、侧面，尺码齐全，强调自己很喜欢哪个款，并用这款给大家做福利——前面这样，后面这样，有几个色，选择其中一款试穿，并说明这是很流行、热门的色彩。建议顾客可按场合去选，如某某场合选择某个颜色。

（4）场合：某些场合穿这款服装能打造什么样的气质。

（5）数字证言：成分怎么样，具体到小数点，然后与其他同类型服装比较，突出优越性。

11. 优惠策略

如全毛呢配外套，市场价多少，在某某店挂衣价 2800 元，本店采取以下优惠；

（1）2 折：600 元；

（2）另外，购买一件送价值 180 元的衬衫一件；

（3）如果另外再买一件 180 元衬衫，将再送 180 元优惠券一张（可以作为外套的现金折扣），最终，这件服装的价格为 300 元整等。

12. 穿搭话术分解

（1）招呼分解："朋友、兄弟等好！"+ 设问句式 + 顾客需求 + 解决方案决心。如：兄弟们好！今天我想问个问题，穿服装时如何解决凸肚子的问题？告诉大家，人的身材有 O 型身材、T 型身材、方形身材等五种。而凸肚型是其中最常见的，今天介绍几款新品，帮助大家如何掩盖这种身材的不足。

（2）案例图解：图片展示，然后讲到这都不是问题，主要是没有搭配好。如果掌握了搭配的窍门，就能穿出什么效果等。

"现在来给你们展示，根据你的体型……我帮你解决，让你身材超级棒。根据……解决问题……不用担心……一定好！

（3）实际案例：本人或别人——何时何地——怎样的解决方案。

（4）自嘲式案例：

① 主播自己解说哪种搭配会有明显的缺点，给人留下不好的印象，影响工作，可能还会带来某些不方便等；

① 还可讲主播自己的肤色不是很好，如这样搭配整体色彩欠佳，会使肤色发黄，感觉健康欠佳，或许会影响交友。还有可能影响升职等。因此要下决心解决，比如换个颜色及款式等。

最后主播会根据顾客的实际情况，为他或她提供几个色彩或款式的搭配解决方案等。

第六章 短视频拍摄技巧与流量变现

短视频行业当前正处于爆发增长期，并开始和各个领域相结合，呈现出全新的新媒体业态形式，表现为新旧媒体的角色互换，新媒体迅猛发展，旧媒体逐步被淘汰。虽然短视频处于风口期，但决定向上发展的势能仍然来自内容创作方。因而，如何扶持和提升内容生产力是短视频行业当前面临的重要议题。想要进一步提升创作能力，内容创作者首先要解决内容优质性、内容生产能力、平台高效联动性、商业转化等在内的几个根本的发展问题，尤其是商业转化，这是每个短视频制作者必须面对的棘手问题。

直播、短视频和综合视频是目前视频行业的三大方向，而明星、网红、关键意见领袖（KOL）、自媒体和专业生产内容的视频网站（PGC）用户成为短视频平台上最主要的用户资源。从2019年年初开始，短视频逐渐拉大和直播、综合视频的差距，其占据了更多的用户使用时长。在城市分布上，一二三线城市用户都成为短视频的主要用户。这代表了短视频用户的消费层次从低到中，再到中高者的全面覆盖。从应用的月活跃度（MAU）看，在第一梯队中，头条系的抖音、火山和西瓜占据三席，遥遥领先于第二梯队。抖音和快手成为短视频领域的两强。本章重点讲解短视频的制作技巧与相关知识。

一、前期准备工作

（一）团队组建及分工

大多数短视频时长大约只有1分钟左右，如何在1分钟内表达出中心思想，又能让用户看得下去，这是一门很大的学问。一个好的视频大多是由多位各司其职的人员配合而制成，团队人员各司其职，共同完成一个有看点、有意义，还可能带有广告性质的短视频，当然刚开始时1~2个人也行。下面来看一下短视频团队的组建及分工。

（1）导演（每个对短视频内容有见解的人都行）：确定短视频内容、基调的整体把控，总指挥、总调度。

（2）策划文案：负责编写题材内容（自己兼职也行），把一个故事完整地表达出来，并且做好分镜头对白及场景的选择。除了原创内容外，多以社会共鸣的题材、热点信息等进行题材的把控；研究抖音及新媒体内容的动向。

（3）演员：把题材故事中人物的背景、特点用对白及身体语言表达出来；是镜头前内容的呈现（MCN 签约的达人、红人或稍微有表演潜力的普通人或自己皆可）。

（4）摄像：拍摄短视频，布置灯光，对演员在镜头前的位置及走位等画面的把控。

（5）制作：在短视频制作过程中对整个故事节奏的制作及剪辑，包括视频调色、视频特效、添加字幕、视频输出等一系列后期制作工作。

（6）运营：视频输出后，为视频做推广及发布，包括平台发布的选择、标题的撰写、内容选点、数据分析、总结调整等，为下一阶段视频的拍摄提供数据方面的参考。

（二）拍摄器材的选择
1. 拍摄器材
（1）手机

手机是每个人几乎都有的数码设备，无需另外去购置一台拍摄设备，手机为我们提供了视频拍摄的便捷性及经济性。随着技术的发展，现在的手机完全可以用来拍摄一般需求的短视频，但缺点也十分明显，因为它毕竟不是专业摄像机，一旦光线不足就必然会出现噪点。现在的智能手机一般配备了 F2.0 或者更大光圈的镜头，就是说拍摄的时候你要自己不断地走动来实现变焦（手动调节远近是以牺牲画面质量来进行变焦的，不推荐），特别是现在的很多手机拍摄已经达到了 4K 分辨率，基本满足我们平时的拍摄需求。建议搭配手持稳定器，可以减少由于手的抖动带来的视频晃动和过渡衔接的卡顿。

图 6-1

（2）家用 DV 机

家用 DV 摄像机的优点是其具备业务级摄像机的大范围变焦能力，可以实现手机无法实现的光学变焦这一弊端；另外家用 DV 机的自动操作和手机差不多，几乎也是一键式傻瓜操作，没有类似单反及业务级摄像机那么多的手动操控按键，自动对焦、自动曝光能力较佳，易用性堪比手机，而且本体比较小巧，易随身携带，拿出就拍；家用 DV 机可更换存储卡及电池，拍摄更长时间的视频。

（3）专业相机（单反、微单）

专业相机拍摄视频的几大优势：

① 感光及成像效果好，可以营造类似电影般的浅景深画面；

② 拥有可更换镜头，可以选配大光圈、广角、长焦等各种焦段来满足不同的拍摄需求，呈

现不同的效果；

③ 宽容度大，例如光圈、快门、感光度等都可以手动进行设置；

④ 体积中等，放在包里即可。

专业相机拍摄视频的劣势：

① 学习过程较长，拍摄前花费大量时间用于手动设置，不能快速拍摄、拍摄后文件较大等；

② 单反相机是为了拍摄照片而设计的，握持感是以横屏来设计的，而短视频则是以竖屏为主，拍摄的握持姿势不同，会略显难受。现阶段单反及微单防抖能力还不是很高，拍摄过程中稳定性较差；

③ 没有电动变焦功能，视频拍摄过程中变焦不流畅，需长时间练习；

④ 视频收音功能不好，需另配话筒或小蜜蜂；

⑤ 无法长时间录制，一般为 30 分钟的视频长度限制（只用于短视频拍摄可忽略），长时间拍摄后机身容易发烫。

图 6-2

（4）专业摄像机

专业级摄像机多用于采访、活动纪录等拍摄场合。它配备等效 28MM 至 600MM 左右的大变焦镜头，镜头最大光圈值达 F1.7 左右，可使用 SD 存储卡进行存储，电池电量超大，可连续拍摄 2 小时以上不间断，散热能力强，配备光圈、快门、ND、白平衡、变焦、手动对焦等所有普通视频拍摄常用的快捷功能，同时还具有舒服的横式手持握柄和腕带，方便手持操作的稳定性。业务级摄像机是一台集成度很高的半专业视频设备。

专业摄像机的优势：

① 操作项目都有对应快捷键，不用进菜单查找，拍摄时反应速度快；

② 能应对从广角到长焦拍摄，3 片 CMOS 分别处理不同颜色，画质好；

③ 取景方式多样，可以选择屏幕取景和寻像器取景；

④ 拍摄时间长，如果电量和存储卡充足，拍摄数小时无需间断；

⑤ 拍摄的视频素材安全性高，不会轻易被误删除，有很多机器还可以双卡同时备份；

⑥ 手持稳定性高，符合视频拍摄的人体工程学，手持拍摄完全可行；

⑦ 码流较高，至少可达到 28M 码流，一些品牌的机器可以设置专业的视频格式，获取 50M 以上的码流，画面质量完全可以满足需要。

专业摄像机的劣势：

① 价格较贵，业务级摄像机价格均在 2 万元以上，高阶一些的更贵；

② 体积并不算小巧，虽然集成度很高，但拿出来还是显得挺专业的；

③ 实现创意性画面拍摄有一定难度，例如浅景深的虚化镜头，因感光元件体积并不大，因此很难在非长焦焦段虚化背景。

专业级摄像机 　　　　单反相机 + 有线麦克风 　　　　微单相机 + 无线小蜜蜂

图 6-3

2. 音频采集设备

短视频内的对话或者旁白十分重要，一款好的音频采集器是必不可少的，而此类麦克风又大体分为两种。

（1）有线麦克风：注意线的长度，此类麦克风线都比较短，往往都是固定在单反相机的热靴上或者插在手机音频线孔上后手持，所以不能离被摄人物太远，针对访问类视频，麦克风外加一个防风罩就够用了，成本不高。

（2）无线小蜜蜂：此类麦克风价格更高，但用途广泛、收音效果更佳，使用起来也十分便捷，如果是情景剧等，此类视频拍摄距离远，需要收录音频的短视频，无线小蜜蜂就非常适合了。

3. 灯光设备

为了得到更好的拍摄画面及效果，在条件允许的情况下尽量配置一些光源，一般选择柔光灯箱，优点是价格适中、效果好。缺点是组装麻烦、主体大、携带不方便。预算充足则可以考虑 LED 外拍灯，小巧轻便。推荐选配 1～2 个灯，最终拍摄的视频效果及画面会得到较大改善。

柔光灯 　　　　LED 外拍灯 　　　　桌面三脚架 + 单反相机

图 6-4

4. 三脚架、手持稳定器

拍摄视频时，往往需要固定相机，只靠我们的双手、手臂很难达到稳定画面的效果，这个时候需要借助一个器材——三脚架。一般推荐选配三个类型的三脚架或稳定器来架设拍摄器材。

① 桌面用的多功能三脚架：摆放在桌面用的三角架，价格在几十～几千元不等，越贵的器材稳定性、耐用度、承重度越好。

② 伸缩三脚架：伸缩三脚架也可大致分为两种，一种是拍摄照片为主的轻便式三脚架，优点是轻便、价格便宜。另一种是视频专用三脚架，优点是旋转云台时非常顺滑，可以得到几乎无卡顿的旋转镜头。缺点是价格较高、体积大、携带不方便。

轻便式三脚架 　　　　视频专用三脚架 　　　　手持稳定器＋手机

图 6-5

③ 手持稳定器：当需要拍摄走、跑、跳等运动类视频跟拍时，一个好的稳定器有着举足轻重的地位。它可以让你的相机在快速运动中也能获得稳定的画面，让观众不至于有晕眩的感觉。缺点是单反稳定器号称麒麟臂锻炼神器，非常重，不太适合初学者使用，而且使用前需要耗费一定的时间调平，价格较高。手机稳定器现在都在千元以下，性价比高，如果只是用手机拍摄的话，选择一款手机稳定器非常有必要。

5. 短视频用户定位

（1）定位分析

刚开始拍摄短视频时，会觉得找不到头绪，这是因为没找准定位，只是有个想法就直接开始拍摄，这就造成了多数人越拍越迷茫。

实际上，一个成功的短视频一定有着清晰的定位和清晰的目标群体定位。账号的定位会直接影响粉丝的增长速度、变现方式、引流效果等，也同样影响内容的输出及账号布局。

（2）账号定位

① 视频的整体风格确定：账号定位的首要任务是明确账号整体视频风格，不能今天发情景剧，明天发美食，再过两天发心灵鸡汤语录。只有找准自身的定位后，才有之后的步骤，不能随意定位，如果没有整体规划，那么到了中后期会发现素材越来越少，更新越来越难。

② 同类领域热门账号分析：视频风格确定后，可以根据自身的竞品或特点来搜索同类领域的优质账号进行分析学习。这样可以最快速有效地提高自己账号的创作方向及运营优化。可以从优质账号的画面、人物、产品、功能介绍、音乐背景、时长、包袱点设置、点赞评论等几方

面入手，这一步不仅要从开始就实施，在今后也需要进行定期的学习、分析。

③ 视频的观点、理念：每个短视频都会表现拍摄者的观点或理念，在短视频的制作中必然要与这个理念相吻合与匹配，很多理念观点都有正反两方面，经过调查分析后得出一个符合多数人的理念观点，并加以设计，拍摄出的短视频更容易被用户接纳，取得更好的点赞及评论量。

④ 多看热门视频：在明确自身定位后可以多看热门视频，拍摄短视频的目的是为了让用户喜欢，让用户点赞、转发、评论，提高自己的知名度，不能一味按照自己的喜好来决定拍摄的模式，比如账号拍摄的视频是手工类视频，点赞转发量高的往往多数是工具简单、上手容易、有一定使用率、一看就会的类型，这样的视频会在用户心中产生转发点赞的冲动。因此，多看热门视频也是平时必不可少的一项功课，光自己想是没用的，除了要了解平台的规则外，还要知道你的目标人群喜欢看什么内容。

⑤ 保持持之以恒的创作热情：完成以上几点后，就是持续的创作了，不论是每日一更新还是每周一更新，最好让自己的粉丝知道你的作品是每周几更新，每周几做直播，固定的时间会让用户有期待的感觉（当然，这是在你的作品完善并有着独特自身印记的情况下）。

⑥ 用户定位：根据抖音及快手的相关数据来看，抖音更趋于年轻化，一、二线城市的用户比例略高于快手，在了解以上情况后就可以结合自身竞品的人群来做用户"画像"了。在前一节提到的团队组建中会有不同的人设，这时候可以一起共同讨论方案，一个团队中的不同成员相当于不同的观众，每位成员提出意见后，就可以整合出一个视频的雏形，完成第一轮用户信息收集。

在视频投放至平台后及时收集用户反馈信息也是完善用户"画像"的必要程序，如有条件可以邀请用户进行互动、探讨及获得短视频的观后感，了解越多用户的观感，就越能为今后视频方向的把握进行更好的修正。

6. 短视频脚本设计及编写

（1）认识分镜头脚本

分镜头脚本在短视频创作中运用较为广泛，是摄影师进行拍摄、剪辑师进行后期制作的依据和蓝图，又称摄制工作台本。

在完成前期工作后，正式拍摄视频前，分镜头脚本设计编写是相当重要的一环，它是整体故事情节的分段详细说明，它可以确认故事的发展方向及内容大纲，也可以加快拍摄进度，提高拍摄速度，也可以把它看做是整个视频的说明书，在什么时候用什么画面、花多少时间、对白、后期加什么效果等。

（2）分镜头脚本的重要性

拍摄短视频前编写分镜头脚本，能够有效提高拍摄效率及拍摄质量。在编写脚本时，其实已经把视频的整体框架、拍摄流程、后期表达效果都进行了一次演练。熟练后甚至可以把剧本以电影的形式在脑海里播放一遍，这样在拍摄的时候往往能事半功倍，避免错过细节、说漏台词等情况。在创作初期，对于没有此类经验的人来说，编写脚本会花费大量时间，但往往好的脚本编写会节省更多的拍摄时间，所以在每个短片拍摄前，把分镜头脚本编写完善是正式拍摄前必不可少的步骤。

举个简单的例子：有一个拍摄倒酒的镜头，在拍摄前已经把场景、时间、拍摄角度等都详细地写在分镜头脚本里，在拍摄时只要按照脚本的内容进行拍摄就可以了，这样会大大提高一次成功的几率，避免了多次倒酒，节省了很多时间。

在分镜头脚本中甚至可以加入更多的拍摄细节，如道具的颜色、哪句台词配哪个音效、演员在说完台词后的表情等，这些都能让你的视频显得更加精致。如果你是一个团队在进行拍摄，分镜头脚本就像一本使用说明书，让每一个看到脚本的人都知道如何去拍摄，这样可以大幅缩短沟通的时间和理解上的差异。

（3）如何写出好的分镜头脚本

分镜头脚本是将文字转换成可以用镜头直接表现的画面，它包含画面的呈现、景别、运镜、时间、台词、机位等。分镜头脚本的内容越细致，视频拍摄的信息就越明确，拍摄的效果及效率就会越好。

如果团队中有一位擅长绘画的人更好，她可以在分镜头脚本中加入手绘的画面，使拍摄者更加快速地进入拍摄状态，找准拍摄角度并进行拍摄，有效减少补拍的状况。

表6-1是我们拍摄中国酒文化作家冰吻女士短视频中的分镜头脚本

冰吻·情场秘籍系列

画面展现：男/女画面相同，分左右两屏展示

一对单身男女，下班回家后做着一系列动作，包括取下手表、拿起红酒瓶、倒酒、坐在沙发上，看两眼手机后放下，拿起书，看书，喝一口红酒，最后坐在床上背靠床背，准备入睡（两人的单身独居生活，背景音为女声讲着情场秘籍语录）。

表6-1

镜头/镜别		画面	台词（一个女声）	镜号	备注
1	中景	到家脱鞋，取下手表放在餐桌上	诚实的男人应该有不错的女朋友，专情的女人也不缺好男人		后期：脱完鞋后背景音起
2	中景	打开红酒瓶	^		
3	近景	倒入红酒	^		
4	中景	拿起酒杯走向沙发坐下	如何让诚实的男人认识专情的女人，希望有一个人能帮助我		

表 6-1（续表）

5	近景	放下酒杯，拿起手机开始看	^		摄像：镜头为茶几前，对着酒杯，边上有本书，书上放着手机
6	近景	放下手机，拿起茶几上的书，开始看书	^		摄像：女生开始看书
7	中景	左手拿书，右手拿起酒杯喝一口	因为他们往往各自遇到不同的男女，教会了自己体验深刻的人生		女生右手轻按酒杯凝视前方
8	中景	（换好睡衣）掀起被子，躺上床上，靠在床背，眼往前方	^		后期：左右画面相对，男女动作相对应
9	中景	转向：冰吻在吧台优雅地坐着，拿起酒杯饮一口酒，对着镜头说话	你缺男友女友的真正原因，是因为你太拘谨了，应该大胆些		
10					
11					
演员：男生（左边画面）、女生（右边画面）、冰吻					
道具：红酒杯、红酒瓶、手表、遥控器、手机、书					
场地：家、吧台前					

1

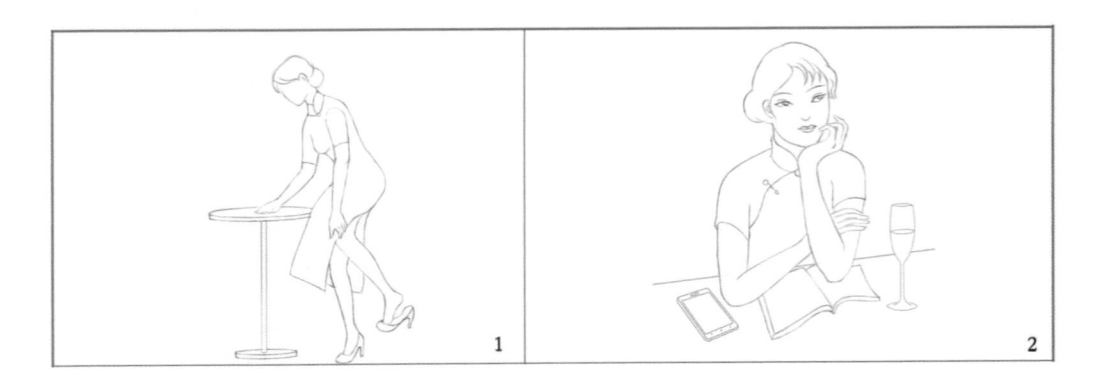

2

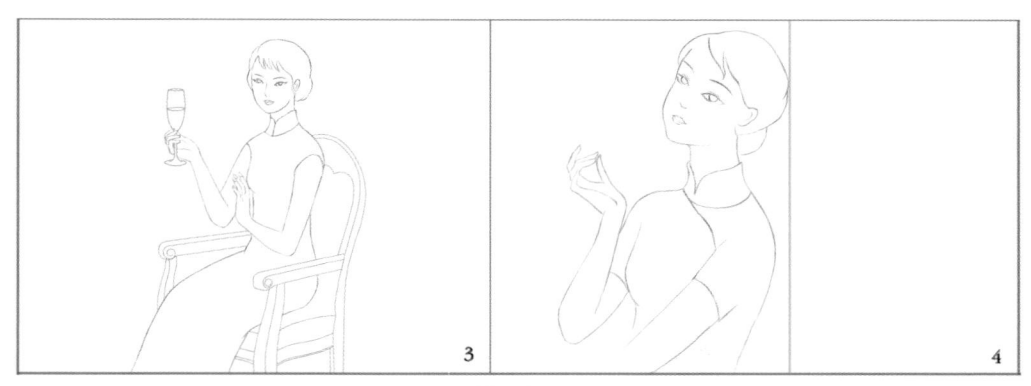

图6-6

拍摄前先规划好各项细节，这样才能把控拍摄全局，在后期视频剪辑时，也能根据分镜头脚本内容来进行编辑，避免了剪辑师根据自己的认知进行盲目剪辑。一镜到底的拍摄手法没有扎实的功底很难拍摄出丰富感，而通过分镜头脚本，将不同的镜头组合，能让整个视频瞬间丰富起来。

二、短视频拍摄技术

1. 短视频拍摄注意事项

（1）明确短视频内容规范及禁忌，遵守平台规则

拍摄短视频前必须了解平台对于短视频的规则及规范，避免包含一些平台严厉禁止的画面或情节出现在短视频内。下面以抖音平台为例，介绍一些平台的规则。

① 视频无水印：无论从广告还是用户体验上来说，视频水印是十分影响观看的，一个清晰无水印的视频更容易让用户看下去。

② 账号权重：根据抖音算法，一定要被判定为真人，而不能被判断为营销号，这样抖音才会给你新号的扶持流量。不要一开通账号就发视频，可以先"养号"，每天刷推荐和抖音上的同城栏目30分钟，完整观看其他短视频等操作都可以让系统认定你并不是营销号。

③ 不建议做"低级搬运工"，如带有其他平台标识或图案的作品，抖音会直接封号或不给予推荐。

（2）短视频的拍摄所在地及标签

可以对你所在地所发生的热点进行内容整合，发布视频后会优先推荐给周边地区的人，之后再根据标签进行推荐。抖音是今日头条旗下的产品，所以标签十分重要，只有标签匹配到了更精准的人，才会产生更加精准的粉丝，为今后这些粉丝购买你的产品或进入你的店铺做好铺垫。

（3）合理运用镜头的变化及转换

短视频呈现在观众眼前只有1分钟左右，想要完成一部高质量的短视频，镜头的运用十分重要，一个镜头的运用首先必须符合逻辑，如果观众在观看视频时觉得十分突兀，那就是在剪辑中出现了问题（除了一些悬疑类视频外）。拍摄时要做到前后对应，保持观看时的顺畅连贯性，所以在镜头阐述故事的同时也要注意观众的观赏体验。在一些前后差别较大或过度要点时，

转场特效可以让剧情更加顺畅，但也绝对不能滥用，用多了就会打乱节奏，得不偿失。

2. 简单拍摄与上传流程

（1）音乐的选择

抖音中的"音"是十分重要的存在，选好音乐，成功一半，一点不夸张。首先在确定好主题及拍摄内容后，选择一首当下热门的音乐与之匹配，当然，这也和导演对于整个视频的把握及对音乐的理解、节奏控制有着一定功力有关。这里分享一个小技巧：多听"网红"曲目，从中选择合适的音乐来进行创作匹配，也可从"热歌榜""飙升榜"中的音乐中进行选择。

抖音歌单分类

图 6-7

（2）拍摄或上传

拍摄上传前需完成抖音等短视频平台的注册，特别是要将自己账号的信息填写完整，比如：姓名、背景、学历、地区等；发布的内容形式要统一，比如唱歌就唱歌，不能又打游戏，又讲故事；还有如发现自己上传的视频很少有人点赞或采用抖音广告推荐的 dou+ 后，点赞的量还是上不去的，就马上删除！最后要做的是经常点赞、评论、转发别人的抖音作品。

① 在拍摄界面中直接拍摄，选择音乐、道具、滤镜、特效等，此类拍摄不需要用到其他设备，直接用手机拍摄即可。

② 本地视频上传，进入拍摄界面后点击右下角"上传"即可选择已经拍摄制作完毕的视频，选取视频长度、速度后进入下一步编辑。在之后的页面可以选择背景音乐、特效、文字及贴纸。最后一步即填写标题、话题、添加位置等文字信息，完成后发布。

抖音拍摄及上传视频界面　　抖音"道具"界面

图 6-8

3. 如何拍出优质视频的五个技巧

① 确定短视频整体内容风格。做好整体构思，确定主题拍摄风格，打造极具个性的短视频，在确认主题风格及模式后会遇到一个瓶颈期，这时还需挖掘不同的新意来满足新用户，突破这个瓶颈期。短视频用户不是一成不变的，创作者可以根据已有视频的最新反应分析出用户的最新需求。

② 熟练运用小道具及后期特效。在拍摄界面中左下角"道具"中选择热门道具进行拍摄，道具、滤镜、贴纸的组合搭配可以起到很好的点缀作用，而且还可以利用道具来遮掩拍摄中的瑕疵。

③ 融入情感，让内容包涵深意。短视频的内容往往是创作者价值观的体现，一个三观正确的视频会被绝大多数观众认可，想要拍出优质视频，可以融入情感，使故事富有深意，故事最后可以以疑问句作为结尾，抛给观众一个问题，用故事引发观众的思考，让观众留言交流。这就需要创作者的故事情节安排得合情合理，符合逻辑，不能强行推动情节发展，演员表演也不能超出观众的常识性认知，只有触动到观众，观众才会思考故事的深意。

④ 保持画面稳定、流畅。一个平稳的画面能够大幅提升观众的观看体验，如果整个视频不断地晃动，观众看起来会十分难受，严重的还会有晕车的感觉。保持平稳运镜，让画面流畅平稳。

⑤ 结合热点，深入探讨。热点的存在是人类对于事物求知欲的体现，而借助一些热点话题来包装你的故事会得到一个事半功倍的效果。一般可以通过微博热搜、百度搜索风云榜来进行热点话题的选择。这个话题必须要有价值性、传播性、话题性。视频的结尾可以延伸思考，进行深度挖掘，在这个过程中，可以寻找另一个角度来解读热点，从而使短视频出于热点而更胜于热点。

百度搜索风云榜　　　　　　　　　微博热搜

图 6-9

135

三、短视频的剪辑和特效

关于短视频的剪辑与特效制作，有很多应用软件，这里介绍一个比较专业的视频编辑软件 Adobe Premiere。一般来说，抖音快手等平台会自带一些简单的剪辑和特效功能，但如果想要达到更好的效果，特别是抖音快手上看到的一些看起来比较神奇的效果，就必须要用到专业性的剪辑特效软件。下面从 Premiere 的基础知识中常用功能如剪辑、字幕添加、蒙版等几个方面进行阐述，最后会结合短视频平台上常见的效果来讲述实际应用。

（一）基本知识

1. 工作界面

（1）项目窗口（图 6-10）

图 6-10

项目窗口主要用于导入、存放和管理素材。编辑影片所用的全部素材应事先存放于项目窗口内，再进行编辑使用。

（2）时间线窗口（图 6-11）

图 6-11

时间线窗口是以轨道的方式实施视频音频组接、编辑素材的地方，用户的编辑工作都需要在时间线窗口中完成。素材片段按照播放时间的先后顺序及合成的先后层顺序在时间线上从左至右、由上至下排列在各自的轨道上，可以使用各种编辑工具对这些素材进行编辑操作。时间线窗口分为上下两个区域，上方为时间显示区，下方为轨道区。

（3）监视器窗口（图6-12）

图6-12

左侧是"素材源"监视器，主要用于预览或剪裁项目窗口中选中的某一原始素材。右侧是"节目"监视器，主要用于预览时间线窗口序列中已经编辑的素材（影片），也是最终输出视频效果的预览窗口。

2. 面板

（1）效果面板（图6-13）

效果面板里存放了 Premiere 自带的各种音频、视频特效，切换效果和预设效果，可以方便地为时间线窗口中的各种素材片段添加特效。

（2）特效控制台面板（图6-14）

当为某一段素材添加了音频、视频特效之后，还需要在特效控制台面板中进行相应的操作，制作画面的运动或透明度效果也需要在这里进行设置。

（3）调音台面板（图6-15）

调音台面板主要用于完成对音频素材的各种加工和处理工作。

（4）工具面板（图6-16）

工具面板如图6-16所示。

图6-13

图6-14

图6-15　　　　图6-16

（二）关于视频制式

DV 分类中有 DV-24p、DV-NTSC 和 DV-PAL 三种。不同的分类代表不同的制式。世界上主要使用的电视广播制式有 PAL、NTSC、SECAM 三种，德国、中国使用 PAL 制式，日本、韩国及东南亚地区与美国使用 NTSC 制式，俄罗斯则使用 SECAM 制式。

标准和宽银幕分别对应"4：3"和"16：9"两种屏幕的屏幕比例（又称纵横比）。16：9主要用于电脑的液晶显示器和宽屏幕电视播出，4：3主要用于早期的显像管电视机播出。随着高清晰电视越来越多的采用宽屏幕，16：9的纵横比也被越来越多的制作者所选择。从视觉感受方面分析，16：9的比例更接近黄金分割比，也更利于提升视觉愉悦度。

32kHz 和 48kHz 是数字音频领域常用的两个采样频率。采样频率是描述声音文件的音质、音调，衡量声卡、声音文件的质量标准，采样频率越高，即采样的间隔时间越短，则在单位时间内计算机得到的声音样本数据就越多，对声音波形的表示也越精确。

常用视频分辨率：

高清：DV-PAL 1080 px×1920 px

4K：3960 px×2160 px

手机竖屏：1080 px×1920 px

（三）给视频添加字幕

（1）在菜单栏中，点击"文件"—"新建"—"字幕"，或快捷键 Ctrl+T，会出现新建

图 6-17

字幕窗口，点击确定，即出现字幕设计窗口，如图 6-17 所示。

（2）用文字工具 T，在字幕编辑区输入文字，并对文字设置字体、大小、效果等。

字幕设计窗口主要分为 6 个区域：正中间的是编辑区，字幕的制作就是在此区域里完成。左边是工具箱，里面有制作字幕、图形的 20 种工具按钮以及对字幕、图形进行排列和分布的相

关按钮。窗口下方是字幕样式，右边是字幕属性，里面有对字幕、图形设置的属性、填充、描边、阴影等栏目。其中在属性栏目里，用户可以设置字幕文字的字体、大小、字间距等；在填充栏目里，可以设置文字的颜色、透明度、光效等；在描边栏目里，可以设置文字内部、外部描边；在阴影栏目里，可以设置文字阴影的颜色、透明度、角度、距离和大小等。窗口的右下角是转换区，可以对文字的透明度、位置、宽度、高度以及旋转进行设置。窗口的上方是其他工具区，有设置字幕运动或其他设置的一些工具按钮。

（3）字幕设置完成后，关闭字幕设计窗口，系统会自动对字幕保存，并将其作为一个素材出现在项目窗口中。

（四）视频剪辑

（1）导入素材，将素材拖动到时间轴上。PR会自动生成序列时间线，这样就可以剪辑了。

图6-18

（2）剪辑工具快捷键是C，选择此工具后，鼠标会发生改变，之后就可以剪辑了。不用快捷键的时候在工具面板也可以找到这些工具，如图6-18所示。

（3）替换音乐。要将原先视频自带的音乐替换掉，首先在音轨上点击鼠标右键，出现的菜单栏里，点击"解除视音频链接"，就可以进一步删除音频。然后导入新的音频，为原有视频进行新的配乐配音，如图6-19所示。

图6-19

（4）输出。点击左上角的文件—导出—媒体，就会弹出如上图的编辑界面，在编辑界面的右边进行设置，选H.264是MP4格式，PAL DV，出现Media Encoder界面，就可以输出了，如图6-20所示。

图6-20

（五）蒙版及其应用

这部分讲解利用蒙版工具来创作出个水杯中浮现出印度美女的短视频，如图 6-21 所示。

（1）把两段素材都导入，印度美女的视频置于上层，如图 6-22 所示。

图 6-21

图 6-22

（2）降低印度美女层的透明度，并缩小尺寸，以找到一个合适的位置大小对准茶杯杯口，在这个图层的效果控件—不透明度—椭圆工具菜单栏中，用椭圆工具给这个印度美女图层画一个椭圆遮罩，并调整椭圆图层的大小，以适应杯口，同时调整蒙版的羽化值，使边缘和茶杯杯口更好地融合，如图 6-23 所示。

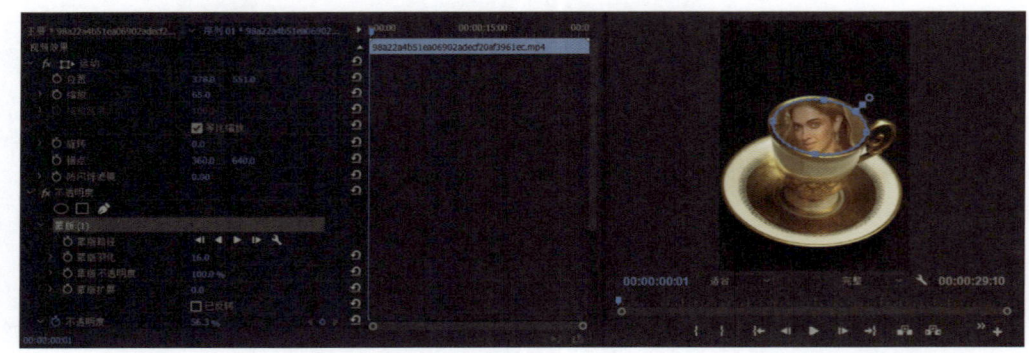

图 6-23

（3）调大印度美女图层的透明度，就得到一个印度美女载舞载歌出现在杯口的影像，如幻像效果一般，如图 6-24 所示。

图 6-24

（六）视频特效案例

抖音上有这样一个短视频，手机照过手部，屏幕出现的是手部的X光照片。看起来是不是很神奇？下面我们来讲解如何用Premiere软件制作此种特效，如图6-25所示。

（1）在手机中设置一张全绿色的照片，在手上扫一遍，进行录制，如图6-26所示。

图6-25　　　　图6-26

（2）将录制的绿屏扫手的视频导入Premiere中，再将一张手部的X光片也导入，覆盖在上层，如图6-27所示。

图6-27

（3）降低X光片的透明度，和手部图像对齐位置，如图6-28所示。

图6-28

（4）用钢笔工具给手部X光图层描上蒙版，如图6-29所示。

图6-29

141

（5）先关闭 X 光图层，给手机扫描手的视频加上"颜色键"这个滤镜，用吸管吸取手机屏幕上的绿色，并将"颜色宽容度"调大，手机屏幕上的绿色就被抠掉了，如图 6-30 所示。

图 6-30

（6）打开原先做了蒙版的手部 X 光图片的图层，并将透明度调为 100%，就变成如下图，手机在拍出手部 X 光的样子。给蒙版路径打上运动关键帧，这样就会形成手机在"扫描"手部，出现手部 X 光照片的效果，如图 6-31 所示。

图 6-31

综上所述，Adobe Premiere 是一款功能强大的剪辑特效软件，能实现很多效果，如经常在抖音和快手平台上看到的打开房间门就是一处仙境，照镜子时镜子中的自己动作与本尊动作不同步，人物"分身术"等看似神奇的效果，都可以通过 Premiere 软件快捷地实现。由于篇幅所限，此处不多赘述，读者有时间可以多加钻研，让短视频制作的效果更加丰富。

四、视频发布及引流、变现模式

（一）短视频算法及推荐机制（抖音、快手）

1. 抖音算法及推荐机制

抖音的流量分配是去中心化的，它的算法可以让所有普通人在有着优质作品的前提下和"大V"们公平竞争。每条通过审核发布成功的视频如有 20 ~ 500 左右的播放量，平台会自动分配出去，而这些看你视频的人就是你的裁判，他们的完播率、点赞率、评论率及转发率决定了你能否进入下一个流量池，而亲朋好友们的转发评论点赞是有限的。

其中：转发量＞完播率＞评论量＞点赞量，这些数据是决定你的视频是否能够成为爆款的关键钥匙。

（1）完播率：完整看完视频的人越多，推荐越高；

（2）互动数：包括关注数量、评论量、转发量、点赞量，数量越多推荐越多；

2. 利用算法上热门的技巧

（1）提高点赞、分享率的技巧。观众点赞、分享视频除了其内容本身的魅力外，还有一点是便于收藏，在想回看的时候可以在点赞视频中找到此视频，或者直接分享给朋友或亲人，所以一般的实用类视频很容易点赞破万，如果你的视频刚好有实用性，那就恭喜你有了一个良好的开端。

（2）好的标题可以提高评论率。一个足够吸引人眼球的标题可以激发观众的留言欲望，某些标题如：一定要看结尾、结局有亮点、不看到最后后悔等，可以增加观众的完播率。而具有争议的话题则可以增加评论率，正反两方各执一词，你来我往的交流，增添的是你的评论数。

3. 短视频引流方法

在视频中把产品直接代入进来，服装类的产品更容易代入并且不易让观众产生反感，如果服装符合观众的品位，观众就会很快下单或进入你的淘宝购买页面查看详情。短视频有多种引流方法：

（1）视频内容引流。这里的视频内容是指你整个账号的视频内容，不单指一个视频，把自己原创的视频做好，观众才会想有更深入了解你的欲望，从而进入到你的私域流量中去，可以在账号资料中（如昵称、个人资料等板块）中添加自己的联系方式，但一定不能直接写"微信"，可以用"VX"或其他类似符号代替。

（2）评论区回复引流。观众在回复中往往会对你的作品、产品等直接留言感兴趣的话语，这时候就可以直接回复，让她关注你的公众号、微信等其他联系方式，将其引入到你的私域流量中去。

（3）私信留言引流。和评论区回复引流一样的道理，常常会有人因为你的视频而私信你，私信你的观众对你的作品已经是相当感兴趣了，这时候可以直接添加微信或留下号码进行电话联系。

（4）矩阵引流。通俗的说就是一个人做几个不同的号，以此打造一个相对稳定的粉丝流量池。这个方法的好处有很多。首先，之前说到一个账号抓住一个点来拍视频，那如果你有两个号、三个号同时在做呢？这样就可以全方位展现产品的特点，大幅提升粉丝量。其次，矩阵引流不仅可以多方位打造产品特点，还能够降低运营单账号失败的风险。一个账号拥有一个定位，不同账号对应的目标人群也不同。

4. 短视频变现模式及技巧

（1）广告植入模式。这是最容易理解，也是最常见的模式。做好这种模式不让观众反感是需要一定经验和设计的。

① 台词植入，在原本的台词中加入品牌或产品名称；

② 道具植入，在场景中使用的道具是某品牌产品或某品牌 App（常用手段）；

③ 抽奖奖品植入，在直播、留言中随即抽出观众，送其某品牌产品；

④ 定制类广告植入，此类视频本身就是一个广告，创作者会根据品牌给出的产品或内容来进行视频创作，在某一点或某个场景中表现出该品牌，从而得到曝光的机会。

广告植入切记不能为了广告而广告，一个植入不当的广告会瞬间掉粉，并且引起观众的反感及不满。

（2）短视频电商模式。现在很多抖音短视频下方都有黄色购物车，可以很方便地对视频中的产品进行购买，观众出于对视频的喜爱和对账号整体的满意接受程度，往往会选择其推荐的"种草"产品，这使短视频很好地结合了电商盈利模式。归根结底，首先必须是你的作品值得让人信赖和喜欢。另外短视频和电商的合作也需注意适度，一味地想通过短视频引流到电商平台进行购买的视频，很容易招致观众的厌恶，从而导致粉丝的流逝。

（3）短视频＋线下培训模式变现。这个模式的基础除了视频的质量外，就是需要创作者在某一个领域具有专业、权威的知识及地位，让观众获得学到了的感觉，从视频中取得收获，你让观众得到的收获越多，观众对你的信任就越多，这是一个相辅相成的过程，等积攒人气后，可以举办一些线下付费讲座，让粉丝和创作者面对面交流。这个模式也是短视频变现的常用手段。

（4）链接直播变现。直播变现是最直接的变现手段（图6-32），通过直播不仅可以收获平台币后提现（抖音的抖币也在不断提高中，旧版本6元可以兑换60个抖币，现在6元只能兑换42个），还能够挂链接进行产品的售卖，比如直接连接到淘宝平台购物，这里要注意的是短视频出演主角要与淘宝直播间主角一致，这样才有代入感，才能促使粉丝产生购买欲望。

图6-32 抖币充值页面

五、抖音算法机制

1. 抖音的完播率、点赞率、评论率、转发率

抖音的播放量通过4个维度和1个权重进行计算，完播率是指，如果有100人看到你的视频，而完整看完你的视频的人数是20人，那么完播率就是20%。点赞率、评论率、转发率同理。这样我们知道了完播率＞点赞率＞评论率＞转发率，也就是说，如果想让自己的视频火起来，那么就应该提高完播率、点赞率、评论率、转发率。

2. 抖音的权重

所谓权重，也就是在抖音的影响力和贡献度。同质量的视频，权重高的内容创作者肯定更容易被推荐，上热门的概率也就越大。而且，权重还关乎处罚：如果你的权重非常高，抖音会对你比较宽容；如果你的权重比较低，稍微有点违规可能就会被"关小黑屋"。这里我们可以了解一下视频的推荐流程：视频在发布后，会被投入到初始流量池中，在初始流量池中，系统会推荐0～250人观看你的视频，如果用户觉得你的视频内容好，点赞、评论、收藏以及视频完播率都符合二次推荐的标准，那么这条视频就可以获得抖音的二次推荐，进入第二流量池；在第二流量池中，系统会推荐500～5000的人观看你的视频，这个比例是呈10倍增长的；

然后进入更大的第三流量池、第四流量池……以此类推。这个过程会一直持续到你视频的点赞、评论、收藏及视频完播率不符合进入下一流量池的标准为止，就是这个过程决定了视频的播放量；像那些百万级、千万级播放的视频，是经过了无数的流量池才达到爆款的效果，一般来说，流量池推荐的周期在 24 小时～7 天（一般平台免费推送流量在 24 小时以后如没有达到某个点赞量时，就不再大流量推送了，如有的点赞量不错，可一直延长到 7 天左右。大多数情况下，7 天后就没有流量推送了，只能靠自然流量了）。

3. 抖音筛选机制

视频内容：①使用抖音直拍，无其他 App 特效、水印或水印遮挡；②画面清晰（确保升级到抖音最新版本），画面无过度曝光、无过暗或卡顿；③竖屏全屏才能被精选；④系统会根据之前的算法，初步筛选出优质的视频。

评分维度：①创意：有独特创意、优质剧情、拍摄剪辑手法独特；②才艺：舞蹈、弹唱、颜值、特殊技能等；③场景：户外、人多场景丰富、美观精致加分；④配合：积极参加官方挑战、站外传播等；

人工审核：新号的前 5 个作品人工审核，人工审核后会给你的视频加上标签（如旅行、美女、重庆、西安、海岛……）。抖音标签定义：抖音的标签是通过视频表演内容或者文案内容筛选出这个视频的关键字，也可以是浏览者浏览作品时对喜欢的作品类型和人进行标签。抖音标签的作用：帮助系统描述和分类内容，便于检索以及分发给具有相同标签的人，也就是说，每一个视频内容背后都有一个或多个标签；不只是视频有标签，视频浏览者，也就是用户也会被抖音画上标签，比如一个用户最近比较喜欢看美女和旅游，那么他的标签就是美女、旅游。抖音会把两个标签综合结合对视频进行推送，即当你的视频标签是旅游，那么就会把你的视频推送给标签是旅游的用户。利用标签推荐机制获取精准客户。由此可以看出，标签机制很重要的一点，就是如何有效地利用标签来获取精准客户。

打标签的地方：①封面打标签；②文案打标签；③内容打标签；④声音打标签；⑤昵称打标签；⑥个性打标签。标签越多，收获的用户就越精准，比如你的客户是杭州汉服，定位地区客户的一个关键词，如果同时触发了上海、汉服，就会触发这类标签的全面推广：地区范围关键词 + 精准关键词 + 拓展关键词 = 你的精准潜在客户的关键词，拓展关键词是服装、中国风、中式服装等。

六、短视频创作的关键要素

无论是拍摄短视频，还是其他艺术创作，好的发现非常重要。普通人拍好爆款短视频，必须要先想清楚发现什么？从哪里切入？我们创作的素材、写作的材料，都要靠"发现与分析"过程才能获取。你到底要呈现什么？想要呈现给热爱生活的人？还是自信的人？或者是表面自信而内心缺乏安全感的人？这就需要明确你从哪个发现点切入，然后把它输出。爆款短视频的秘钥，是发现受众的潜意识，发现一个潜在的需求，然后切入展开。

例如姚大在抖音平台上的《群星版——拥抱你离去》短视频，演唱明星歌曲会给人内心带来很多感受，而大多数人都有一个歌星梦，都想唱得更好，于是这个短视频就火了。

（1）克服成见：视频艺术创作是一个从发现到再加工的过程，通过发现与观察及再创新来指导拍摄。抖音经常会提供热话题，而自己的观察需要冷静思考，在这个过程中我们要克服成见。每一个人都会带有很多经验性的判断，而经验性的判断会在我们整个思维体系中，阻碍一些新事物的发生，阻碍你的好奇心，阻碍你发现一些新的认知点，所以，一定不能有成见。

（2）克服无序：我们还要克服无序的工作。从事创意的人经常会今天蹦出一个点子来，明天又蹦出一个点子，但这些都是零碎的碎片。光靠这样不能形成一个完整的观察体系，也不能输出一个完整的创新理念。我们的作品要有自己的价值观，这占作品 60% 的权重，所以要克服无序的工作，以此来提高短视频的创作水平。

（3）创意的深入交流：

①创意面前人人平等：不要轻易去否定任何好的想法，在团队中，我们需要冷静的观察者，把所有的想法和目标进行汇总，记录下所有的素材。

②好创意是点子的不断累积：在创作过程中我们经常会犯一个错误，就是拿到一个点子就轻易开始了。然而，哪怕是一个 15 秒的视频，从一个好点子的产生，到这个点子被真正地去表达，真正地去开掘，真正地去发现，必须是好点子 + 好点子 + 好点子的一个累积过程。

（4）发现什么？发现用户的痛点、爽点、痒点。

痛点是满足什么？痛点其实是满足恐惧感，就是当一件事情不确定了，就会变成一个痛点。例如我们拍摄的"冰吻爱情秘籍"，就是回答大多数人对于爱情的困惑，如何面对爱情？当它成为一个不确定的问题时，它就会成为广大恋爱者心中的痛点。

爽点是什么？爽点是即时满足，就是这个事情有什么方法让我比别人更快地得到满足？

痒点是什么？痒点是满足一个虚拟自我的内心。例如很多男生比较青睐美女的直播，打赏虚拟币，这其实是一种虚拟的满足。

其实所有的产品都是在满足人类的各种原始需求。因此想要有好的发现，不能仅仅靠猜，要运用科学的方法去发现，特别是下沉到用户中去，运用大量的数据和调查结果完成创新的短视频创作。

图 6-33 总结了短视频拍摄运营的关键要点。

短视频拍摄运营关键要点

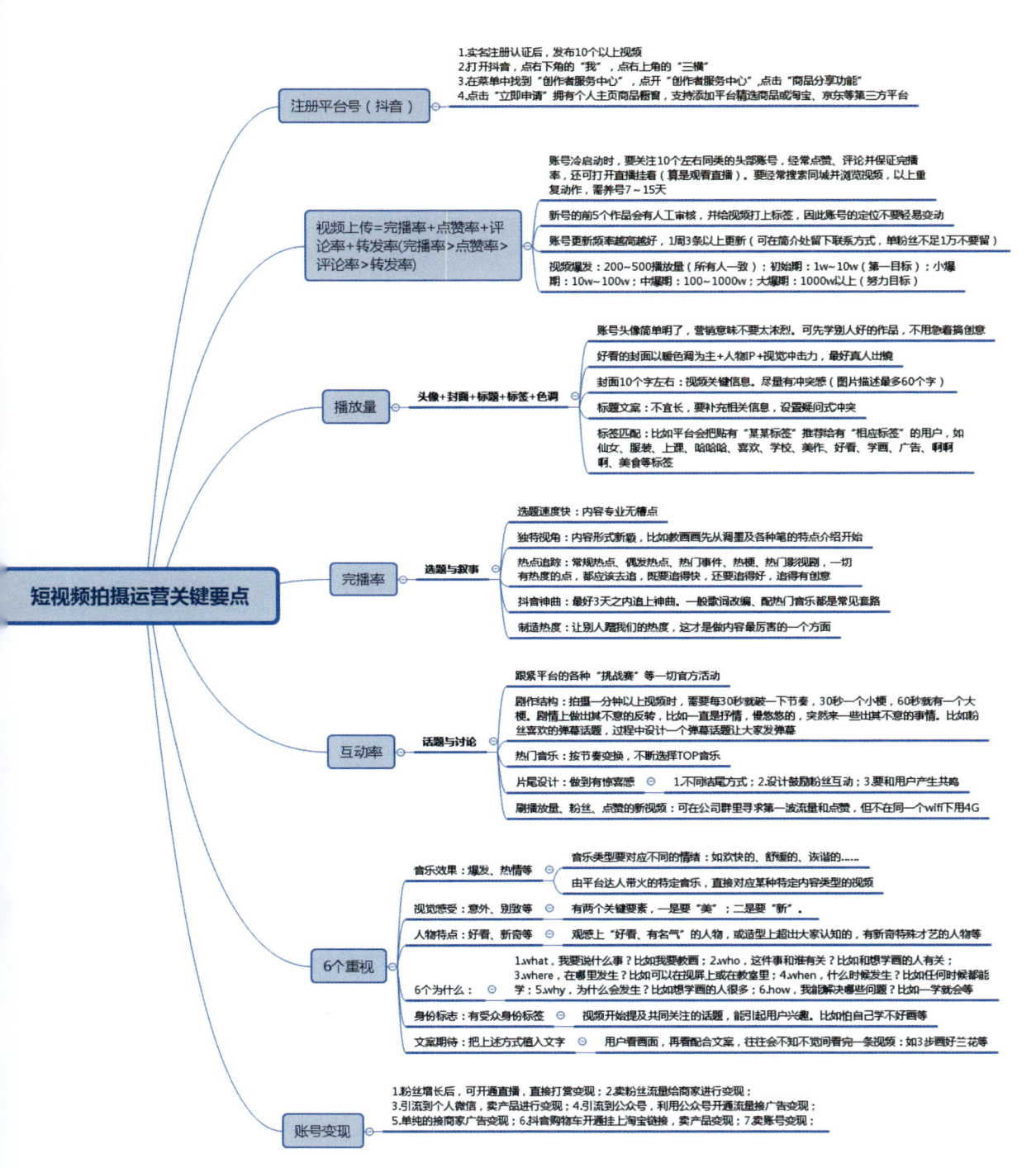

注册平台号（抖音）
1. 实名注册认证后，发布10个以上视频
2. 打开抖音，点右下角的"我"，点右上角的"三横"
3. 在菜单中找到"创作者服务中心"，点开"创作者服务中心"，点击"商品分享功能"
4. 点击"立即申请"拥有个人主页商品橱窗，支持添加平台精选商品或淘宝、京东等第三方平台

视频上传 = 完播率 + 点赞率 + 评论率 + 转发率（完播率 > 点赞率 > 评论率 > 转发率）
- 账号冷启动时，要关注10个左右同类的头部账号，经常点赞、评论并保证完播率，还可打开直播挂着（算是观看直播）。要经常搜索同城并浏览视频，以上重复动作，需养号7~15天
- 新号的前5个作品会有人工审核，并给视频打上标签，因此账号的定位不要轻易变动
- 账号更新频率越高越好，1周3条以上更新（可在简介处留下联系方式，单粉丝不足1万不要留）
- 视频爆发：200~500播放量（所有人一致）；初期：1w~10w（第一目标）；小爆期：10w~100w；中爆期：100~1000w；大爆期：1000w以上（努力目标）

播放量 —— 头像 + 封面 + 标题 + 标签 + 色调
- 账号头像简单明了，营销意味不要太浓烈。可先学别人好的作品，不用急着搞创意
- 好看的封面以暖色调为主 + 人物IP + 视觉冲击力，最好真人出镜
- 封面10个字左右：视频关键信息。尽量有冲突感（图片描述最多60个字）
- 标题文案：不宜长，要补充相关信息，设置疑问式冲突
- 标签匹配：比如平台会把贴有"某某标签"推荐给有"相应标签"的用户，如仙女、服装、上课、哈哈哈、喜欢、学校、美作、好看、学画、广告、啊啊啊、美食等标签

完播率 —— 选题与叙事
- 选题速度快：内容专业无槽点
- 独特视角：内容形式新颖，比如教画画先从画笔及各种笔的特点介绍开始
- 热点追踪：常规热点、偶发热点、热门事件、热搜、热门影视剧，一切有热度的点，都应该去追，既要追得快，还要追得好，追得有创意
- 抖音神曲：最好3天之内追上神曲，一般歌词改编、配热门音乐都是常见套路
- 制造热度：让别人蹭我们的热度，这才是做内容最厉害的一个方面

互动率 —— 话题与讨论
- 跟紧平台的各种"挑战赛"等一切官方活动
- 剧作结构：拍摄一分钟以上视频时，需要每30秒就破一下节奏，30秒一个小梗，60秒就有一个大梗。剧情上做出其不意的反转，比如一直是抒情、慢悠悠的，突然来一些出其不意的事情。比如粉丝喜欢的弹幕话题，过程中设计一个弹幕话题让大家发弹幕
- 热门音乐：按节奏变换，不断选择TOP音乐
- 片尾设计：做到有惊喜感 —— 1.不同结尾方式；2.设计鼓励粉丝互动；3.要和用户产生共鸣
- 刷播放量、粉丝、点赞的新视频：可在公司群里寻求第一波流量和点赞，但不在同一个wifi下用4G

6个重视
- 音乐效果：爆发、热情等
  - 音乐类型要对应不同的情绪：如欢快的、舒缓的、诙谐的……
  - 由平台达人带火的特定音乐，直接对应某种特定内容类型的视频
- 视觉感受：意外、别致等 —— 有两个关键要素，一是要"美"；二是要"新"。
- 人物特点：好看、新奇等 —— 观感上"好看、有名气"的人物，或造型上超出大家认知的，有新奇特殊才艺的人物等
- 6个为什么：1.what，我要说什么事？比如我要教画；2.who，这件事和谁有关？比如想学画的人有关；3.where，在哪里发生？比如可以在视屏上或在教室里；4.when，什么时候发生？比如任何时候都能学；5.why，为什么会发生？比如想学画的人很多；6.how，我能解决哪些问题？比如一学就会等
- 身份标志：有受众身份标签 —— 视频开始提及共同关注的话题，能引起用户兴趣。比如怕自己学不好画等
- 文案期待：把上述方式植入文字 —— 用户看画面，再看配合文案，往往会不知不觉间看完一条视频；如3步画好兰花等

账号变现
1. 粉丝增长后，可开通直播，直接打赏变现；2.卖粉丝流量给商家进行变现；
3. 引流到个人微信，卖产品进行变现；4.引流到公众号，利用公众号开通进行广告变现；
5. 单纯的接商家广告变现；6.抖音购物车开通挂上淘宝链接，卖产品变现；7.卖账号变现；

图 6-33